MZ 세대는 왜 보고서 앞에서 멈췄을까

MZ 세대는 왜 보고서 앞에서 멈췄을까

미국 로드트립에서 찾아낸 보고서의 비밀

정연석 지음

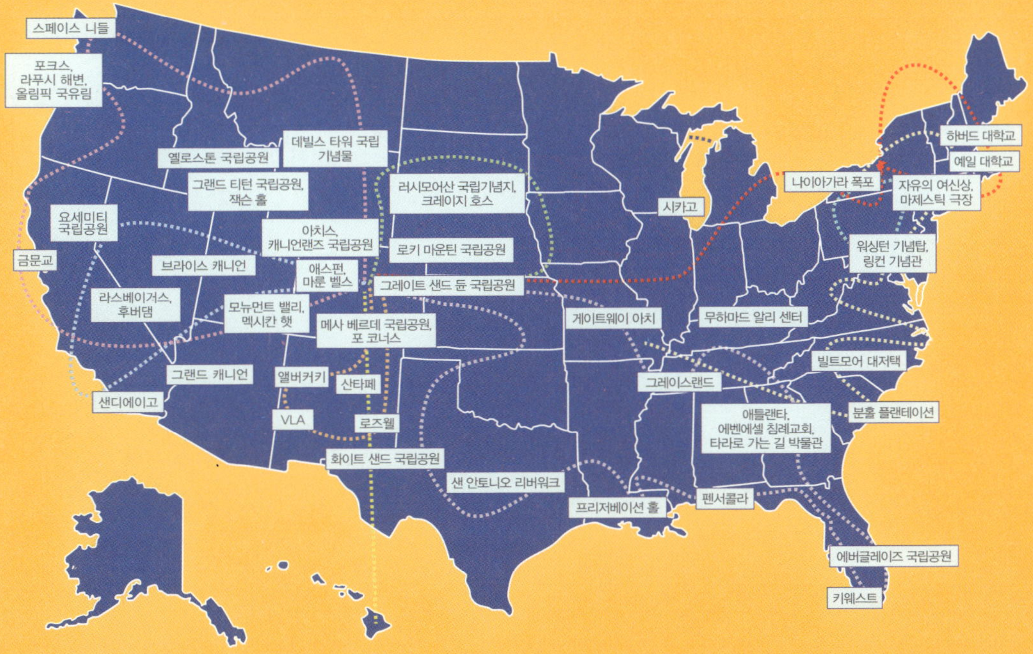

스페이스 니들

포크스,
라푸시 해변,
올림픽 국유림

엘로스톤 국립공원

데빌스 타워 국립
기념물

그랜드 티턴 국립공원,
잭슨 홀

러시모어산 국립기념지,
크레이지 호스

시카고

하버드 대학교

예일 대학교

나이아가라 폭포

자유의 여신상,
마제스틱 극장

요세미티
국립공원

아치스
캐니언랜즈 국립공원

로키 마운틴 국립공원

워싱턴 기념탑,
링컨 기념관

금문교

브라이스 캐니언

애스펀,
마룬 벨스

그레이트 샌드 듄 국립공원

라스베이거스,
후버댐

모뉴먼트 밸리,
멕시칸 햇

메사 베르데 국립공원,
포 코너스

게이트웨이 아치

무하마드 알리 센터

빌트모어 대저택

그랜드 캐니언

앨버커키

산타페

그레이스랜드

분홀 플랜테이션

샌디에이고

VLA

로즈웰

애틀랜타,
에벤에셀 침례교회,
타라로 가는 길 박물관

화이트 샌드 국립공원

샌 안토니오 리버워크

펜서콜라

프리저베이션 홀

에버글레이즈 국립공원

키웨스트

인생은 로드트립이자 또 하나의 보고서다

바른북스

보고서,
나를 드러내는 또 하나의 삶의 기록

　직장인에게 보고서 쓰기는 일상이지만, 좀처럼 익숙해지지 않아 매번 부담으로 다가온다. 필자 역시 신입 시절에는 보고서를 마음대로 작성하다가 잦은 지적을 받으며 시행착오를 겪었다. 시간이 흐르며 직장 생활에 적응하고 한 단계씩 성장했지만, 보고서 작성은 여전히 조심스럽고 까다로운 일로 남아 있다. 그럼에도, 수천 건의 보고서를 작성하며 쌓은 경험과 노하우(know-how) 덕분에 이제는 어느 정도 자신 있게 보고서를 다룰 수 있다고 조심스레 평가해 본다.

　과거, 보고서를 잘 쓰던 선배들의 노하우가 퇴직과 함께 사라지는 모습을 종종 보았다. 그 지혜가 책으로 남아 있었다면 어땠을까 생각해 보곤 했지만, 시간이 지나며 그것을 글로 정리하고, 또 실무에 적용하기란 쉽지 않다는 사실을 깨달았다. 같은 주제의 보고

서라도 상황에 따라 미묘하게 달라지는 만큼, 작성법을 일목요연
하게 전달하는 데는 한계가 있다. 기존 보고서를 사례로 들더라도,
독자 관점에서 분야가 다르거나 내용이 오래되었다면 금세 흥미를
잃고 책을 덮기 마련이다. 여기에 더해 무미건조한 내용과 주입식
구성은 창의성이 요구되는 실전 활용을 더욱 어렵게 만든다.

  필자 역시 신입 시절, 여러 관련 서적을 읽으며 인사이트를 얻긴
했지만, 그것을 실무에 바로 적용하기는 어려웠다. 다만, 2007년에
출간된 《대통령 보고서》는 실전에서 방향을 잡는 데 큰 도움이 되
었다. 시간이 흘러, 보고서를 작성하던 위치에서 이제는 평가하고
지도하는 위치로 역할이 바뀌었지만, 여전히 직접 보고서를 쓰며
변화하는 환경에 뒤처지지 않으려 노력하고 있다. 이렇게 쌓인 노
하우가 조용히 사라질까 아쉬움이 컸지만, 막상 책을 쓰는 일은 좀
처럼 결심이 서지 않았다.

  풍요로운 사회에서 귀하게 자란 MZ세대도 결코 마냥 행복하지
만은 않다. 어릴 적부터 조기 학습과 끊임없는 경쟁 속에서 학업을
마쳐야 했고, 주변의 기대 어린 시선 속에 부담을 안은 채 좁은 문
을 통과해 회사에 들어가야 했다. 그리고 그 후에도 계속되는 경쟁,
얼마나 힘들고 지칠까. 그들이 조직을 위해 희생하며 인정받는 것
보다, 일과 삶의 균형(work-life balance), 즉 '워라밸'을 더 중시하는
건 어쩌면 너무나 자연스러운 일이다.

  사무실에서 젊은 직원들이 열심히 일하는 모습을 보면 마음이 든
든했지만, 보고서로 인해 스트레스를 받는 모습을 볼 때는 안쓰럽

기도 했다. 필자도 보고서 작성으로 힘들었던 기억이 많기에, 그 어려움을 조금이라도 덜어주고 싶은 심정이었다. 또한 함께 수만 킬로미터를 여행했던 필자의 어린 꼬마들도 머지않아 사회에 나갈 것을 떠올리며, 나만의 노하우를 전하고 싶다는 바람이 점점 간절해졌다. 그렇게 이 책을 쓰기 시작했다.

첫 번째 장에서는 직장 생활 속에서 보고서가 왜 중요한지, 그리고 그것이 조직과 개인에게 어떤 의미를 지니는지 이야기하고자 했다. 보고서에서 무엇을(what) 하고 어떻게(how) 하는지도 중요하지만, 그보다 왜(why) 해야 하는지를 아는 것이 더 본질적이다. 그 이유를 이해할 때 비로소 수동적인 태도에서 벗어나 능동적인 동기로 전환될 수 있다. 좋은 보고서를 작성하는 일이 단지 조직을 위한 것에 그치지 않고, 본인의 워라밸에도 도움이 된다는 사실을 깨닫게 되면 보고서를 다듬는 과정에서 부담보다는 의미와 즐거움을 느낄 수 있다.

두 번째 장에서는 보고서 작성의 기본기를 다뤘다. 마음가짐부터 시작하여, 양식의 이해, 내용 구성, 작성 프로세스까지 단계별로 소개했다. 물론 머리로는 이해되지만, 실제로 실천에 옮기기 어려운 부분도 있을 것이다. 하지만, 장기적으로 보고서 역량을 끌어올리는 데 꼭 필요한 내용들이기에 최대한 쉽고 실전에 가깝게 풀어 쓰고자 노력했다.

세 번째 장에서는 보고서를 작성하면서 누구나 마주칠 수 있는 현실적인 난관과 극복 방안을 다루었다. 일상생활에서 비롯된 습관, 상급자와의 관계 등 셀 수 없이 많은 이유가 우리의 발목을 잡는다. 그때마다 쉽게 무너지지 않도록, 필자만의 경험을 바탕으로 조심스레 이야기를 풀어보았다. 그때는 맞았지만, 지금은 아닐 수 있다. 그래도 누군가에게는 여전히 유효한 조언이 되기를 바란다.

네 번째 장에서는 보고서 작성에 꼭 필요한 실전형 노하우를 정리했다. 처음 보고서를 써야 하는 신입사원부터 선임이 된 후까지 다룰 만한 사항을 담았다. 회사마다 기준은 다르지만 큰 흐름은 비슷하기에, 어느 분야에서든 적용이 가능한 팁이 될 수 있다. 또한 책을 읽는 과정에서 느낄 수 있는 긴장을 덜기 위해, 필자의 미국 유학 시절 에피소드도 보고서 관점에서 재해석해 곳곳에 소개했다. 일상의 이야기들을 통해 보고서를 더 친숙하고 자연스럽게 이해하길 바란다.

마지막 장에서는 로드트립(road trip)처럼 이어지는 인생 여정 속에서, 보고서라는 이름의 삶의 기록을 어떻게 써 내려갈 수 있을지를 담았다. MZ세대에게 이 책이 '내 삶의 보고서를 어떻게 쓸 것인가?'를 함께 고민하는 길잡이가 되기를 바란다.

유학 시절, 미국 유타주(State of Utah)의 캐니언랜즈 국립공원(Canyonlands National Park)을 여행한 적이 있다. 당시 공부에 지쳐 있던 필자는, 사막 한가운데서 은하수를 찍은 한 사진작가의 작품을 우연히 보고 깊은 감명을 받았다. 언젠가는 꼭 그 풍경을 직접 마주하고 싶다는 바람이 생겼고, 캐니언랜즈는 그 꿈을 이루기에 완벽한 장소였다.

달빛조차 없는 깊은 밤, 차에서 내려 엔진을 끄는 순간, 곧바로 완벽한 어둠과 적막이 나를 감쌌다. 옆 사람조차 보이지 않는 암흑 속에서, 밤하늘의 별들은 마치 쏟아질 듯 눈부시게 빛나고 있었다. 그 순간, 우주의 광활한 시간과 공간 안에서 인간은 얼마나 작은 존재인가를 실감했다. 동시에 그 고요한 어둠 속에서도 '나만의 세계'가 분명히 존재한다는 사실을 깨달았다. 또한 내가 얼마나 소중한 존재인지도 느낄 수 있었다.

치열한 경쟁 속을 살아가는 MZ세대 역시, 때때로 그런 어둠 속에 홀로 남겨진 듯한 막막함을 느낄지도 모른다. 그래서 더더욱, 그들이 자신을 소중히 여기고, 스스로 다독이길 바란다. 필자가 어둠에 익숙해지며 어렴풋이 보였던 가족들이 그토록 반가웠듯, 이 책이 보고서라는 낯선 영역에서 MZ세대에게 익숙하고 따뜻한 안내자가 되어주길 바라는 마음을 담았다.

정 연 석 드림

목차

1장

보고서의 중요성을 파악하자

말보다 진짜 내 존재를 각인시키는 무언의 코드

4장

보고서의 실전 노하우를 장착하자

작지만 강력한 차이, 읽히는 보고서 설계 가이드

5장

인생은 로드트립이자 또 하나의 보고서다

퇴근 후에도 계속되는 인생 보고서

레퍼런스

보고서의
중요성을 파악하자

말보다 진짜 내 존재를 각인시키는 무언의 코드

조직이 당신을 필요로 할 때
워라밸도 지켜진다

조직이란, '공동의 목표를 달성하거나 특정 기능을 수행하기 위해 사람들이 모여 일정한 구조 속에서 각자의 임무를 수행하며 협력하는 집단이나 체계'를 말한다. 학교를 졸업하고 우리는 생활에 필요한 수입을 얻기 위해 공공부문, 대기업, 중소기업, 스타트업 등 다양한 조직에 소속되어 일을 시작한다. 물론 금전적 보상과 관계없이 자아실현을 위해 일하는 사람도 있다.

하지만 과거와 달라진 점이 있다. 부모님 세대는 정치, 경제적으로 어려운 시기를 겪으며, 가정과 개인보다 조직을 우선시하는 삶을 살아왔다. 반면, 오늘날의 젊은 세대는 조직에 헌신하여 인정받기보다는 본인의 삶을 중시하며 '일과 삶의 균형(work-life balance, 이하 워라밸)'을 추구하는 시대를 살아간다.

잡코리아가 2025년에 20대~40대 직장인 1,252명을 대상으로 설문조사를 실시한 결과, 직장 내 가장 중요한 가치로 '워라밸'이 50.3%로 가장 높게 나타났다. 그다음으로는 '인정·보상'이 44.6%, '성장 가능성'이 35.3%로 뒤를 이었다(잡코리아 콘텐츠 LAB).

　　오랜 회사 생활로 조직 중심의 문화를 당연하게 여겨왔던 필자도 이제는 워라밸을 챙기고, 조직 밖에서 인생의 즐거움을 찾고자 하는 열망에 전적으로 공감하고 응원하는 마음이다. 하지만, 잊지 말아야 할 것은 직원이 자신을 우선시하듯 조직 역시 언제나 조직 자체의 이익을 우선한다는 사실이다. 즉, 사회가 달라짐에 따라 표면적으로는 워라밸을 존중해 주지만, 조직의 본질은 변하지 않았다. 조직이 진정으로 추구하는 것은 다음과 같다.

▶ **목표를 달성하는 데 기여하고 있거나 기여할 잠재력이 있는 직원을 성장시킨다.**
▶ **반대로, 목표 달성에 기여하지 못하거나 오히려 방해가 되는 직원은 배제하거나, 최소한 방해가 되지 않는 위치로 이동시킨다.**

　　워라밸을 중요하게 생각하는 직원들 사이에서도, 조직은 결국 필요로 하는 인재를 선택하여 육성한다.

　　워라밸을 희생하면서 모든 시간과 열정을 조직에 쏟는 것이 바람직하다고 생각하지는 않는다. 하지만, 자신의 가치가 낮아져 조직에서 밀려나거나, 떠나지 않더라도 승진이나 전보 등에서 기회를 잃고 소외되는 것 또한 바람직하지 않다.

요즘 같은 스마트한 시대에는 스마트하게 일하는 자세가 필요하다. ChatGPT 같은 디지털 도구를 능숙하게 다루는 것만을 의미하지는 않는다. 그보다 더 중요한 것은 조직의 목표를 명확히 이해하고, 그 목표 달성에 필요한 역량을 전략적으로 키우는 일이다.

조직에 '필요한 사람'으로 인정받는 동시에, '워라밸'도 지켜낼 수 있어야 한다. 그러기 위해선 자신에게 필요한 역량이 무엇인지 신속히 파악하고, 빠르게 습득하여 업무에 적용해야 한다. 상사와 동료가 당신과 함께 일할 때 부담은 줄고 성과는 오히려 커진다고 느낀다면, 당신은 더욱 큰 신뢰와 존중을 얻을 것이다. 자연스레 더 중요한 자리에 배치되고, 그들은 당신의 목소리에 귀를 기울이게 될 것이다. 그리고 이 모든 과정을 잘 활용한다면, 워라밸 또한 지켜낼 수 있다.

그렇다면 입사 후 퇴직할 때까지 가장 중요한 역량은 무엇일까? 이 질문을 스스로 던지고, 그 해답을 찾는 여정이 필요하다.

미국 유학을 준비할 때, 필자가 상상했던 미국인의 삶은 자유로운 직장 문화 속에서 가족과 여유로운 시간을 보내는 모습이었다. 실제로 주말에 공원에 가면 가족 단위로 피크닉을 즐기는 모습을 흔히 볼 수 있었고, 그 모습만 보면 워라밸이 잘 지켜지는 사회처럼 느껴졌다.

하지만, 여행 중에 의외로 아이들이 부모가 아닌 조부모와 함께 다니는 모습을 자주 볼 수 있었다. 그 이유가 궁금해 대기업에서 관리자급으로 일하던 친구에게 물었다. 그는 많은 부모가 회사 업무로 바빠 장기간 휴가를 내기 어렵기 때문이라고 답했다. 자신도 수십 일이나 되는 연차를 결국 사용하지 못해, 부하 직원들에게 나눠준 적이 있다며 아쉬움을 토로했다.

미국은 선진국이라는 인식 때문에 일찍 퇴근하고 자유롭게 휴가를 갈 수 있을 거라 생각되지만, 실제로는 유연한 노동시장 속에서 언제든 조직에서 밀려날 수 있다는 긴장감이 존재한다. 그래서 오히려 자신의 가치를 끊임없이 입증하는 것이 필수적이다. 결국, 가치를 높이는 것이 저녁과 주말의 워라밸을 지켜주는 원동력이 되는 셈이다. 그 워라밸은 다시 주중의 치열한 업무를 버티게 해주는 재충전의 시간이 된다.

조직에서 역량을 키워 자신의 가치를 증명하는 일과 워라밸을 지켜내는 일은 서로 충돌하는 선택지가 아니라, 결국 서로를 지탱하는 상생의 관계일 수 있다.

학기 중 주말 재충전의 안식처가 되어준 로키 마운틴 국립공원

보고서는 조직 내
소통의 방식이자 언어이다

새로운 것을 경험하는 일은 언제나 설렘과 걱정을 함께 안겨준다. 코로나 팬데믹으로 한동안 해외여행이 어려웠던 시기가 엊그제 같은데, 이제는 많은 사람이 자유롭게 여행을 떠나고, 자신만의 힐링을 즐기고 돌아온다. 여행을 다녀온 직원들과 이야기를 나누다 보면, 그들이 들려주는 추억은 대부분 즐겁고 활기차지만, 언어 소통의 어려움으로 겪었던 곤란한 에피소드도 빠지지 않고 등장한다.

요즘은 파파고(Papago)와 같은 번역 앱 덕분에 예전처럼 몸짓으로 소통해야 하는 상황은 줄어들었다. 하지만, 여전히 본인의 의사를 매끄럽게 전달하는 게 쉽지만은 않다. 때로는 어색하거나 잘못된 번역으로 오히려 더 난처한 상황이 벌어지기도 한다. 이런 이야기를 들을 때면, 누구나 한 번쯤은 외국어를 잘하면 얼마나 좋을까 하는 생각을 해봤을 것이다.

학교를 떠나 낯선 회사 조직에 들어가는 것은 마치 해외로 떠나는 것과 같다. 잠깐 머무르는 것이 아니라 짧게는 몇 년, 운이 좋으면 정년퇴직까지 수십 년을 그 조직과 함께할 수 있다. 문제없이 적응하기 위해 가장 먼저 익혀야 할 것은 상사 및 동료들과 소통하는 방법이다.

'대한민국에서 수십 년을 살며 한국어를 써왔는데 소통에 문제가 있겠어? 술자리도 잘하고 성격도 활발하니 걱정 없을 거야.'라고 생각할 수 있다. 일상생활에서는 맞는 말이다. 하지만, 업무가 중심인 기업 조직에는 별도의 공식적인 소통 방식이 존재한다. 바로 '보고서'다.

조직은 놓치기 쉽고 순식간에 사라지는 구두 소통보다 **'더 구체적이고 논리적이며, 신뢰할 수 있고 오랫동안 남는'** 보고서로 소통한다는 점을 명심하자. 보고서를 통해 조직은 목표 달성에 필요한 일들을 해낸다.

▶ **급변하는 경영 환경 속에서 경영진과 관리자의 올바른 의사결정을 돕는다.**
▶ **조직 구성원에게 정확한 사실과 정보를 신속하고 간결하게 공유한다.**
▶ **조직 내 의견을 일치시키고 상호 신뢰 하에 협업을 적극 유도한다.**
▶ **일 처리의 시작부터 마지막까지 기록으로 남기며 증거자료로 활용한다.**

▶ 업무처리에서 반복적으로 발생할 수 있는 위험을 예방한다.
▶ 조직 간 의사를 공식적이고 신뢰성 있게 교환한다.

이외에도 보고서를 통해 이루어지는 일이 많아 그 중요성은 아무리 강조해도 지나치지 않다. 그렇다면 이런 생각을 할 수 있다. 모두가 보고서를 잘 쓰면 되지 않을까? 결론적으로 쉽지 않다.

해외에서 살며 언어 소통이 잘못되어 낭패를 겪은 일은 누구나 한 번쯤 있을 것이다. 필자 역시 그렇다. 가족과 함께 인디언 문화로 유명한 메사 베르데 국립공원(Mesa Verde National Park)과 포 코너스(Four Corners, 콜로라도 · 유타 · 애리조나 · 뉴멕시코주가 만나는 지점)를 가던 길에 애머리스타 카지노 블랙호크(Ameristar Casino Black Hawk) 뷔페를 들렀다.

해산물이 귀한 콜로라도주에서 기대 이상의 훌륭한 음식이 나왔고, 맥주(beer)와 함께 즐겁게 맛볼 수 있었다. 떠날 때가 되어 영수증(bill)을 요청했는데, 종업원이 맥주(beer)를 가져왔다. 아이들이 발음이 안 좋다고 놀리며 웃었고, 필자는 해프닝이라 여기고 시원하게 맥주를 마신 후 다시 영수증(bill)을 요청했다. 그런데 맥주(beer)가 또 나왔다. 이런 일이 두 번 반복되자 잠시 인종 차별을 의심하기도 했지만, 직원은 매우 친절했다. 결국 체크(check)로 말을 바꾸어 상황을 해결했다. 이 일로 아이들 보기가 민망했고, 여행 내내 소통 실패에 대한 자괴감을 느꼈다.

자신이 쓴 보고서가 조직이라는 작은 사회 속에서 다른 의미로 전달된다면, 그것은 소통의 도구로서 제 기능을 잃게 된다. 말이 통하지 않는 답답함을 경험해 보면, 보고서가 얼마나 소중한 소통의 도구인지 새삼 깨닫게 된다. **소통 방식을 잘 이해하고, 활용하는 것은 사회를 살아가는 데 가장 기본적인 덕목**이라 할 수 있다.

인디언 문화를 엿볼 수 있는 메사 베르데 국립공원(왼쪽)과 포 코너스(오른쪽)

단기간의 해외여행에서는 서투른 외국어 실력으로도 번역 앱과 몸짓에 의존하며 그럭저럭 지낼 수 있다. 하지만, 수년간 해외에서 거주해야 한다면 이야기는 완전히 달라진다. 뛰어난 외국어 실력 없이는 일상생활부터 복잡한 행정 처리까지 매번 두통에 시달리고 큰 손해를 볼 수도 있다.

회사라는 조직에서도 마찬가지다. 가장 공식적인 의사소통 방식인 보고서 작성에 익숙해지지 않으면 조직 내에서 적용하기 어렵고, 성장은 더욱 기대하기 힘들다. 물론 보고서 작성 능력이 부족하더라도 영업(Sales)이나 협상(Negotiation)과 같은 능력으로 성공할 수 있겠지만, 대다수 직무에서는 보고서 작성 능력을 요구한다.

그럼에도, 직장 내 보고서 작성 수준은 개인별로 큰 차이를 보인다. 전문 지식, 외국어, 자격증 등 여러 조건을 갖추고 치열한 경쟁을 뚫고 입사한 인재들이 모였으니 보고서 작성 수준 또한 비슷해야 할 텐데 말이다. 어릴 때부터 한국어를 사용했고, 학창 시절에도 보고서를 작성해 본 경험이 있기에 더 의아하게 느껴질 수 있다. 하지만, 개인별로 차이가 발생하는 데는 분명 이유가 있다.

회사 기준을 얼마나 빨리 습득하는지가 차이의 시작점이다

학교에서 쓰던 보고서와 달리, 회사 보고서는 양식부터 작성 방식까지 일정한 기준이 정해져 있으며, 이는 회사마다 다소 차이가 있다. 주변 상황을 살피지 않고 자신이 쓰고 싶은 대로 작성하다 보면 회사 기준에서 크게 벗어난 보고서가 되고, 상급자는 읽어보지도 않고 반려해 버린다. 이런 상황을 계속 파악하지 못하면 일이 점점 커질 수밖에 없다.

재능의 차이도 있겠지만,
결국 학습의 힘이 차이를 더 크게 벌린다

많은 사람이 회사는 '일하는 곳'이지 '공부하는 곳'이 아니라고 생각하는데, 이것이 문제다. 보고서 작성에 있어 입사 초기에는 재능이 중요하지만, 시간이 지날수록 학습의 영향력이 커진다. 실제로 책이나 강의 등을 통해 보고서 작성의 핵심을 꾸준히 익히고, 좋은 보고서를 많이 읽고 자신이 쓴 것과 비교해 보며, 이를 실전에서 활용하는 사람과 그렇지 않은 사람 간에는 격차가 발생하게 된다. 보고서 작성 실무와 직접 관련된 사항 외에 다음에 제시된 것들도 역량을 키우는 데 도움이 될 수 있으니 참고하면 좋겠다.

- 《멋진 보고서 작성을 위한 가이드》에서는 선배들이 강조하는 보고서 작성에 필요한 네 가지 기초 역량으로 "의사를 정확하게 전달할 수 있는 문장력, 원인과 문제점을 도출하기 위한 자료의 분석력, 창의적 대안 마련을 위한 문제해결 능력, 상하좌우 긴밀한 공조를 위한 협조성"을 제시하고 있다.

- 《일머리 문해력》에서는 글과 말을 능숙하게 활용해 원하는 목적을 달성하는 힘, 즉 '메타 문해력'을 갖추려면 "딥 리딩(Deep reading, 주의 깊게 읽고 이해하는 힘), 딥 씽킹(Deep thinking, 사려 깊게 생각하고 문제를 해결하는 힘), 딥 라이팅(Deep writing, 배려 깊게 쓰고 전해서 의도한 반응을 끌어내는 힘)"이 필요하다고 말한다.

회사 내에서 적극적으로 보고 듣는 노력이 차이를 지속시킨다

다양한 상황에서 여러 종류의 보고서를 접하고, 직접 작성해 보며, 훌륭한 동료와 상급자에게 조언을 듣는 직원은 실력이 빠르게 향상된다. 가능하다면 이런 기회가 많은 부서에서 근무하거나, 중요한 보고서를 작성하는 임시 조직 활동에 참여하는 걸 추천한다. 반면, 그런 기회가 적은 직원은 정체 상태에 머물러 차이를 좁히기 어려워진다.

MZ세대는 왜 보고서 앞에서 멈췄을까

입사 초기부터 이러한 현실을 인정하고 스스로 변화하려는 노력을 기울일 때, 보고서 작성 역량은 자연스럽게 향상된다. 그렇다면 뛰어난 보고서 작성 능력을 갖추면 어떤 이점이 있을까? 그 답은 명확하다. 본인과 조직 모두에게 큰 도움이 된다.

　미국에서 애지중지하던 자동차의 사륜구동 장치가 고장 났을 때 일이다. 정식 서비스센터에서 받은 수리 견적은 5천 달러가 넘었고, 그 금액에 깜짝 놀라서 수리를 미뤘다. 이를 미국 친구에게 털어놓자, 주말에 친구 집으로 오라는 말이 돌아왔다.

　주말 오후 세 시쯤 친구가 알려준 주소로 갔더니, 집 뒷마당에 리프트까지 설치된 자동차 정비소가 있었다. 친구들은 취미로 자동차 수리를 하며, 장비 구매에만 20만 달러 이상을 썼다고 했다. 유튜브를 통해 기술을 배우고 서로 토론하며 각종 자동차를 고치고 있었으며, 필자의 차도 그곳에서 장장 열 시간의 사투 끝에 부품 교체 없이 수리를 마쳤다. 그들이 대가로 원한 것은 단지 따뜻한 쌀국수 한 그릇뿐이었다.

　이들의 끊임없는 노력과 열정에 감탄했고, 회사에서도 인정받는 실력자라는 말을 듣고 고개가 절로 끄덕여졌다. 누군가는 취미를 위해서도 저렇게 노력하는데, 생활의 바탕이 되는 회사에서 꼭 필요한 소통 역량을 위해 노력하지 않을 이유가 있을까? **꾸준히 학습하고 실전에 적용하는 것만큼 빠르게 역량을 키우는 방법은 없다.**

미국 친구들과 수리 후 주행 중에 사람들의 환호를 한 몸에 받은 클래식카

높은 보고서 작성 역량은
조직·개인 모두에게
윈윈(Win-Win)이다

기업이라는 조직의 핵심 소통 방식인 '보고서'를 잘 작성한다는 것의 의미는 무엇일까? 먼저 **조직 측면**에서 보면, 이는 상호 간의 의사전달이 빠르고, 구체적이며, 정확하게 이루어지도록 하는 원동력이다. 덕분에 잘못된 의사결정을 최소화할 수 있으며, 의사 결정된 사항을 조직 내 협력을 통해 신속하게 추진할 수도 있다. 좀 더 구체적으로 이야기해 보자.

조직 생존과 직결되는 경영진의 의사결정에 있어
빠르고 올바른 판단을 돕는다

조직의 업무처리와 의사결정의 핵심은 결국 보고서에 담겨 있다. 물론 때로는 구두 보고나 토론이 이루어지기도 하지만, 그 내용 역시 공식화하는 과정에서 반드시 보고서로 작성된다. 즉, 좋은 보고서 없이는 조직이 원활히 돌아가기 어렵다.

특히 일정이 분 단위로 관리되는 경영진은 수많은 보고서를 읽고 신속히 의사결정을 내려야 한다. 모든 의사결정자는 간결하고 논리정연한 보고서가 필요하다는 점을 명심하자. 잘 작성된 보고서는 대면 보고 시 효율성을 높이고, 비대면 보고 시에는 판단 착오를 최소화한다. 반면, 장황하고 모호한 보고서는 아무리 인내심 많은 경영진도 곤혹스러워할 수밖에 없다.

방대한 조직의 업무 효율성을 높인다

각기 다른 개성을 지닌 수많은 사람이 모여 이루어진 조직에서, 구두로만 의견을 상호 조율하며 업무를 진행한다면 얼마나 긴 시간이 걸릴지 알 수 없다. 복잡한 문제는 며칠, 심지어 수십 일 동안 토론해도 풀리지 않을 수 있다. 이럴 때 다양한 분석 결과를 바탕으로 논리 정연하게 작성된 보고서가 효과적인 해결책이 될 수 있다. 다만, 보고서 작성에 너무 많은 시간이 소요되어 의사결정 시점을 놓친다면 그 또한 문제다.

직장 생활을 살펴보면 보고서 작성에 많은 시간을 할애한다. 그렇기에 해당 역량을 높이는 것은 업무 시간을 효율적으로 관리하고, 적시에 보고서를 완성해 실질적으로 활용할 수 있게 한다. 보고서 작성 시간이 단축되면, 다른 중요한 업무들도 더 원활하게 처리할 수 있다.

조직 내외에서 건전한 경쟁 문화를 조성한다

조직 내외부의 소통이 주로 보고서를 통해 이루어지기 때문에, 보고서를 잘 쓴다는 평가는 해당 부서나 기업의 우수한 이미지를 만드는 데 큰 역할을 한다. 이에 따라 각 부서나 기업은 보고서 작성 능력을 장려하고, 잘 쓰는 직원을 중용함으로써 조직 내외부 경쟁에서 우위를 점하려 노력한다.

개인 측면에서도 여러 가지 좋은 점이 있다.

상급자의 관점에서 잘 작성된 보고서를 보면, 작성자가 업무를 충분히 이해하고 다양한 아이디어로 문제해결에 힘쓰고 있음을 느껴 뿌듯함을 갖게 된다. 이런 보고서는 상급자가 안심하며 신속하고 정확한 의사결정을 할 수 있게 도와주고, 육체적·정신적 부담도 덜어준다. 자연스럽게 긍정적인 평가로도 이어지게 된다. 반면, 바쁜 와중에 장황한 보고서를 반복해서 수정해야 한다면 평가가 엄격해지고, 수정이 거듭될수록 짜증이 쌓일 수밖에 없다.

작성자의 관점에서는 다음과 같다.

뛰어난 인재임을 입증하고,
업무 역량을 확실히 증명하는 가장 빠른 방법이다

조직에 필요한 직접적인 업무처리뿐만 아니라, 경영진을 포함한 모든 구성원의 업무와 연관될 수 있는 보고서 작성 역량은 조직 내에서 자신의 가치를 확실히 드러내고, 성장 경로를 견고히 다지는 강력한 무기이다. 특히 내성적인 성격 등으로 동료들과 어울리는 데 어려움이 있다면, 그 역량은 더욱 훌륭한 '비장의 카드'가 될 수 있다.

조직에 몸담는 동안은 물론,
떠난 이후에도 남는 나만의 기록이다

보고서는 조직에 입사해 퇴사하는 순간까지 직장 생활 전반을 보여주는 본인의 자부심이 담긴 발자취이며, 떠난 후에도 본인이 이루어 낸 성과를 증명하는 역사가 된다.

길게는 수십 년을 함께하는 보고서를 잘 쓰면 조직과 개인 모두에게 윈윈(win-win)인 셈이다. 반대로, 제대로 작성하지 못하면 서로에게 손해가 되는 상황(no win 또는 lose-lose)이 될 수 있다.

MZ세대는 왜 보고서 앞에서 멈췄을까

　미국에서 처음 로키 마운틴 국립공원을 방문했을 때, 입장료 때문에 잠시 고민했던 기억이 있다. 당시 차량당 25달러였는데, 80달러짜리 연간 패스인 'America the Beautiful Pass'를 구매하면 모든 국립공원과 국유림을 무료로 방문할 수 있었다. 네 번만 방문해도 이득이라 연간 패스를 선택했지만, 바쁜 생활 속에서 꾸준히 여행을 다니는 일이 쉽지 않다는 것도 알고 있어, 혹시 실수한 건 아닐까 하는 생각도 들었다.

　그러나 단 80달러로 그랜드 캐니언, 브라이스 캐니언, 아치스, 옐로스톤, 요세미티, 에버글레이즈 등 유명 국립공원을 모두 즐길 수 있다는 것은 정말 대단한 혜택이었다. 만약 매번 입장료를 수십 달러씩 내야 했다면 방문을 쉽게 결정하기 어려웠을 것이다. 솔직히 더 비싼 가격을 받아도 될 만큼 가치가 충분했지만, 저렴한 연간 패스로 여행의 부담을 덜어주어 사람들이 더 많은 국립공원을 방문하게 만든 점이 인상적이었다. 실제로 미국 국립공원 인근의 마을들은 언제나 활기로 가득했다.

　아무리 멋진 국립공원이라도 방문객이 있어야 그 가치가 빛나고, 꾸준히 발길이 이어져야 지역 경제가 살아난다. 연간 패스를 통해 정부는 국립공원의 가치를 높이고, 지역은 경제를 활성화하며, 방문객은 부담 없이 자연을 즐길 수 있게 된다. 이보다 더 나은 윈윈(win-win) 전략이 있을까?

　와이오밍주에 있는 미국 최초의 국립기념물인 데빌스 타워(Devils Tower National Monument)를 방문했을 때, "연간 패스가 우리를 여기까지 오게 했다."라며 웃었던 기억이 난다. 스티븐 코비의 《성공하는 사람들의 7가지 습관》에서도 윈윈(win-win)의 중요성을 강조하고 있다. 그렇다면 **조직과 개인 모두에게 윈윈이 되는 보고**

서 작성 역량을 키우는 것도 성공의 열쇠가 될 것이다.

인디언 부족들에게 신성한 장소로 여겨지는 데빌스 타워 국립기념물

보고서를 잘 쓴다고
조직 생활이 장밋빛은 아니다

직장 생활에서 보고서 작성 역량은 조직 내 소통 활성화의 엔진이자, 사람을 평가하는 핵심 요소 중 하나이다. 입사부터 퇴직까지 좋든 싫든 함께 해야 하는 불가피한 파트너인 셈이다. 하지만, 조금 다른 시각으로 보면 보고서를 아주 잘 쓴다고 해서 무조건 성공하는 것은 아니고, 역량이 다소 부족하다고 해서 반드시 고전만 하는 것도 아니다. 즉, 보고서 작성 역량이 중요하지만, 그것만으로 모든 길이 꽃길인 것은 아니다.

조직에서는 수준 높은 보고서 작성, 에너지 넘치는 활동, 상대방을 설득하는 대외 협상 능력 등 어떤 업무든 잘할 것을 당연한 듯 요구한다. 그래서 많은 직원이 부담감을 느낀다. 하지만, 사람마다 성격도 다르고, 가진 역량도 다르고, 관심 있는 분야도 제각각인데 만능이 되기를 요구하는 건 바람직하지 않다.

필자도 꽤 오랫동안 직장 생활을 해 왔지만, 모든 걸 잘 해내는 상사나 동료, 부하 직원은 극히 소수였다. 보고서를 잘 쓰는 사람도 있고, 다른 걸 잘하는 사람도 있다. 앞서 보고서를 잘 쓰는 게 중요하다고 강조했지만, 그렇다고 모든 게 해결되는 건 아니다. 보고서 작성은 뛰어나지만 활동력은 평범한 사람과, 보고서 작성은 평범하지만 활동력은 뛰어난 사람을 비교해 보자. 물론 회사 상황마다 다르니 참고용으로 가볍게 보면 되겠다.

구분		보고서 작성은 뛰어나지만 활동력은 평범한 사람	보고서 작성은 평범하지만 활동력은 뛰어난 사람
직원 위치	장점	▶ 관련 직무가 많고, 업무 평가 및 인사(승진·전보 등)에서 유리한 위치를 선점할 가능성이 높음 ▶ 본인의 업무를 빠르게 처리하여 근무 시간을 효율적으로 활용하며, 야근도 최소화할 수 있음	▶ 대내외 활동 등이 요구되는 업무에서 두각을 나타낼 수 있음. 단, 관련 직무는 다소 제한적임 ▶ 자신의 업무가 아닌 부서 차원의 긴급한 보고서 작성 등에는 비교적 자유로울 수 있음
	단점	▶ 부서의 보고서 업무가 집중되거나 동료의 업무가 추가될 경우 부담이 가중될 수 있음	▶ 보고서 중심의 직무에 있으면 업무 평가 및 인사에서 우선 순위를 차지하기 어려움
관리자 위치	장점	▶ 경영진의 관심이 높은 보고서를 완성도 있게 작성할 수 있도록 방향을 제시하고 총괄할 수 있음 ▶ 직원 교육 등을 통해 보고서 작성 능력을 향상시켜 업무의 효율을 높일 수 있음	▶ 보고서 우수 직원에게 신뢰감 있게 업무를 맡기면 처리에 문제가 없고, 분위기도 좋아질 수 있음 ▶ 활동력이 평범한 직원과 근무해도 분위기를 주도하며, 적극적인 리더로서 업무처리가 가능함
	단점	▶ 직원 역량이 부족하면 직접 보고서를 작성하게 되며, 지나친 직원 독려 시 관계가 악화될 수 있음	▶ 보고서 우수 직원이 없는 경우 까다로운 경영진 보고서 작성에 어려움을 겪을 수 있음

■ 보고서 작성 역량에 따른 직장 생활의 장단점

각각 장단점이 있기에 긴 회사 생활에서 누가 더 유리할지는 보는 사람마다 다를 수 있다. 다만 유의할 점은, 직장인 대부분은 활동력이 평범하다는 것이다. 필자 역시 처음 만나는 사람에게 먼저 말을 거는 게 쉽지 않다. 그런 이들이 보고서를 잘 쓰면 괜찮겠지만, 그렇지 못하면 앞서 말한 예시보다 더 어려운 상황에 놓이기 쉽다. 즉, 보고서를 잘 쓰면 스스로 어려움을 헤쳐 나갈 수 있지만, 보고서 역량이 부족한 상태에서 이를 보완해 줄 동료가 없으면 곤란해질 수밖에 없다.

최악의 상황에서는 본인이 문제를 해결할 수 있어야 마음이 편하다. 워라밸 역시 남에게 의존하지 않고, 자신의 힘으로 만들어 가야 한다. 반대로 활동력이 뛰어난 사람이 보고서까지 잘 쓰면 사실상 날개를 단 것과 마찬가지다. 주변에 그런 사람이 있다면 꼭 친하게 지내기를 추천한다.

셀럽(celebrity)이 된다고 해서 인생이 마냥 장밋빛인 것만은 아닌 듯하다. 미국 남부를 여행하던 중 테네시주(State of Tennessee)에 있는 그레이스랜드(Graceland)를 방문한 적이 있다. 로큰롤의 제왕, 엘비스 프레슬리(Elvis Aaron Presley)가 생전에 살았던 곳이다.

무명 시절의 어려움을 극복하고 파격적인 춤과 로큰롤로 성공의 시대를 열었던 그는 영화계에서도 활약하며 한 시대를 풍미했다. 그레이스랜드에서는 그의 화려한 삶뿐 아니라, 특혜를 거부하며 자발적으로 군대에 입대한 모습, 그리고 어려운 이들을 돕던 선행도 엿볼 수 있다. 팬들의 기대에 부응하고 유명인으로서 책임감 있게 행동하고자 했던 엘비스는, 화려함 뒤에 따르는 무거운 책임감을 짊어지는 것이 진정한 셀럽의 자세라고 생각했던 건 아닐까?

안타깝게도 그는 1977년 42세의 젊은 나이에 심장마비로 세상을 떠났으며, 2022년에는 그의 일대기를 다룬 영화 '엘비스'가 개봉되기도 했다. **장밋빛 뒤에는 항상 그림자가 따른다. 이를 두려워하거나 피하지 말고 자연스럽게 받아들일 수 있는 자세가 필요하다.**

그레이스랜드 내외부 전경(위쪽)과 엘비스가 수집한 경찰관 배지(아래쪽)

MZ세대는 왜 보고서 앞에서 멈췄을까

보고서 역량을 기르기 전에
알아야 할 소소한 사실들

회사의 보고서를 접할 때 가장 먼저 기억해야 할 핵심은 '처음부터 보고서를 잘 쓰는 사람은 없다.'라는 점이다. 이제 궁금한 점 몇 가지를 짚어보자.

Q. 학창 시절부터 보고서를 작성해 왔다면 잘 쓸 수 있을까요?

A. 앞서 말했듯, 보고서를 잘 쓴다는 것이 단순히 글을 잘 쓴다는 것과는 조금 다르다. 회사 밖에서 글쓰기 경험이나 학교에서 자주 보고서를 작성한 경험이 도움이 될 수는 있지만, 입사한 기업의 암묵적인 표준 양식, 구성 노하우, 상급자의 스타일 등을 익히지 않고는 좋은 보고서를 작성하기 어렵다.

Q. 다른 회사에서 보고서 작성 경력이 있는데 바로 적용할 수 있을까요?

A. 이 경우도 마찬가지다. 물론 경력이 없는 직원보다는 빠를 수 있지만, 반드시 그렇다고 할 수는 없다. 공공부문처럼 유사한 성격을 가진 곳도 틀이나 작성 형태는 비슷해 보여도 세부적으로 들어가면 각기 다른 특성이 있다. 누가 먼저 그 특성을 이해하고 빠르게 익히느냐가 관건이다. 오히려 이전 직장에서 인정받던 보고서 작성 방식이 새 직장에서는 지적받을 때, 반발심만 생겨 적응이 더뎌질 수도 있다.

Q. 보고서 작성 역량 향상을 위해 책을 사서 공부하면 어떨까요?

A. 시중에 나와 있는 보고서 작성 관련 책을 읽어본 사람이라면 공감할 것이다. 대다수 책은 보고서 작성이라는 큰 틀에서 유용한 인사이트를 제공하지만, 실전에서 바로 쓸 수 있는 구체적인 노하우보다는 개념적인 내용이 많다. 예시 위주로 구성된 책도 있지만, 생소한 분야나 과거 사례가 많아 쉽게 와닿지 않을 때가 있다. 그렇지만, 인내심을 가지고 읽고 스스로 적용해 보는 노력이 쌓이면 분명 도움이 된다. 책만으로 갑자기 보고서 작성 능력이 크게 향상되기는 어렵지만, 장기적으로는 필수적인 과정이다. 다양한 경험을 적은 비용으로 간접 체험할 수 있다는 점에서 가성비 좋은 학습법이라고 할 수 있다.

Q. 보고서를 잘 쓰는 사람에게 배우면 어떨까요?

A. 책과 마찬가지로 보고서 작성 관련 강의도 많지만, 대부분 개념적인 내용이 많아 실전 적용을 위해서는 긴 시행착오가 필요하다. 조직 내에서 뛰어난 역량을 가진 상급자나 동료에게 배우는 것이 가장 효과적이지만, 세상에 공짜는 없다. 멘토 역할이 가능한 수준의 역량을 보유한 사람도 긴 세월 동안 시간을 투자해 학습하고, 때로는 상급자에게 혼나고 스스로 고민하며 노하우를 축적해 왔다. 개인적으로 친분이 없다면 당신에게 대가 없이 친절하게 알려 주겠는가. 만약 주변에 멘토급 상급자나 동료가 있다면, 가능한 한 친해질 것을 추천한다.

Q. 잘 써진 보고서를 벤치마킹하면 될까요?

A. 잘 작성된 보고서를 분석해 자신의 지침으로 삼는 것은 매우 효과적인 전략이다. 다만, 보고서는 표준화된 형태와 구성을 따르면서도 내용이나 보고받는 사람의 성향에 따라 미묘하게 달라져야 하는 부분이 있다. 이런 점들은 단순히 다른 보고서를 참고한다고 바로 익혀지지 않을 수 있다. 그래도 꾸준히 좋은 보고서를 접하면 발전에 큰 도움이 된다. 유의해야 할 점은, 다른 기업의 보고서나 자신의 업무와 동떨어진 내용의 보고서는 아무리 잘 썼어도 이해와 집중이 어렵다. 따라서 회사 내 경영진 보고용이면서 동시에 자신의 업무와 관련된 보고서를 벤치마킹하는 것이 가장 바람직하다.

보고서 작성 역량을 기르기 위해서는 단순히 어떻게 쓰냐에 초점을 맞추기보다는, 보고서의 기본적인 특징부터 이해하고 이를 기반으로 차근차근 실전 경험을 쌓아가는 것이 중요하다.

자신만만하게 유학길에 올랐다가 몇 주 만에 수업 참여부터 보고서 작성까지 좌절을 겪으며 자신감이 바닥까지 내려앉았던 시기가 있었다. 회사에 있을 때도 힘든 시기는 늘 있었지만, 모든 면에서 좌절을 경험한 건 그때가 처음이었다. 그때 큰 힘이 되어준 건 박사 과정에 있던 한국인 선배들이었다. 나이는 필자보다 어렸지만, 학교생활의 노하우가 많아 논문 찾아보기, 세미나 준비, 통계 프로그램 활용 등 여러 방면에서 멘토링을 받을 수 있었다. 그때 받은 도움은 학업을 마무리하는 큰 동력이 되었고, 지금도 늘 감사히 여기고 있다.

이에 보답하고자 학기가 시작되거나 끝날 때면 집에서 조촐한 한식 파티를 열었고, 함께 단합 대회 겸 여행도 다녔다. 한 번은 그레이트 샌드 듄 국립공원(Great Sand Dunes National Park)을 방문했는데, 미국 한복판에 사막 같은 지형이 있다는 게 참 신기했다. 정상에 닿은 것 같아도 또 다른 언덕이 나타나고, 그 언덕을 오르면 다시 다른 언덕이 보이는 것의 반복이었다. 누구나 빨리 정상에 올라 쉬고 싶지만, 정상은 쉽게 허락하지 않는다는 사실을 다시금 깨달았다.

MZ세대는 왜 보고서 앞에서 멈췄을까

보고서 작성 역량도 마찬가지다. 그레이트 샌드 듄의 밑자락에서 한 발 한 발 조급해하지 않고 정상을 향해 나아가듯 꾸준히 키워가야 한다.

끝없이 펼쳐진 사막을 보는 듯한 그레이트 샌드 듄 국립공원

2장

보고서의
기본을 이해하자

마음에서 출발해, 고민과 디테일로 완성되는 한 편의 설득

보고서 작성을 위한
마음가짐이 필요하다

보고서 작성은 '표준화된 양식을 상황에 맞게 미세하게 조정하여 활용하는 기술, 스토리를 구성하는 감각, 문제 분석과 해결 방안 도출 능력, 정제된 글로 표현하는 문장력과 설득력 등 여러 역량이 어우러진 종합 예술'이라 해도 과언이 아니다. 보고서를 잘 쓰기 위해서는 부단한 노력이 필요하며, 그래서 타고난 재능을 가진 동료가 때로는 부럽기도 하다. 하지만 재능이 없다고 실망할 필요 없고, 재능이 있다면 자만하지 않는 것이 중요하다. 직장 생활 내내 필요한 역량임을 인정하고 꾸준히 보고서 작성을 배워가다 보면, 어느새 성장한 자신을 발견하게 될 것이다. 그 첫걸음으로 가져야 할 마음가짐을 강조한다.

피할 수 없다면 뚝심 있게 역량을 키운다

어떤 도전도 처음부터 완벽하지는 않다. 자전거도 처음에 5~10 *km*를 타다가 점차 늘려야 50~100*km*를 탈 수 있고, 달리기도 처음 1~2*km*에서 시작해야 10~20*km*까지 달릴 수 있다. 그 과정에서 속도가 붙고, 몸도 건강해지며 즐거움과 성취감을 느끼게 된다.

직장 생활에서 피할 수 없는 보고서 작성도 마찬가지다. 단순히 하기 싫은 노동으로 생각해서는 안 된다. 하기 싫다는 생각, 해도 안 될 거라는 생각만큼 보고서 작성을 힘들게 하는 것은 없다. 우선 한두 페이지의 짧은 보고서부터 시작해, 점차 분량을 늘려가며 내용이 간결하고 알찬 보고서를 만드는 과정에서 재미와 성장의 기쁨을 찾아야 한다.

신경을 분산하지 않는다

보고서를 쓰는 데는 높은 집중력이 필요하다. 데이터를 모으고 분석하며 대응 방안을 만드는 데 온 신경을 써야 한다. 그런데 개인적인 일이나 사소한 일까지 동시에 신경 쓰다 보면 보고서의 질이 떨어질 수밖에 없다. 보고서를 쓸 때는 온전히 보고서에만 집중하자. 다른 일이 생기면 재빨리 처리한 뒤 다시 보고서로 돌아오는 게 좋다. 두 가지 일을 동시에 하려고 하면, 결국 어느 쪽도 만족스럽게 되지 않는다.

정해진 마감 기한을 철저히 지킨다

좋은 보고서를 작성하는 것도 중요하지만, 적시에 보고하는 것이 더 중요하다. 하기 싫거나 어렵다고 미룬다 한들 누가 대신 써주지 않는다. 보고 시간이 다가올수록 부담은 점점 커지고, 결국 좋은 보고서를 완성해도 제때 제출하지 못하면 그 가치는 사라진다. 상급자의 질책도 피할 수 없다. 그렇다고 해서 완성하지 못한 보고서를 급하게 제출하라는 말은 아니다. 초기에 우물쭈물하면서 소중한 시간을 낭비하지 말라는 뜻이다. 보고서 작성 지시가 떨어지면 바로 시작해야 한다.

종종 보고서의 완성도를 높이는 것과 마감 기한을 지키는 것 사이에서 고민하는 사람들을 본다. 둘 다 중요하지만, 개인적으로는 약간 미흡하더라도 일단 기한을 지켜 보고하고, 추후 보완하는 것이 옳다고 생각한다.

작성 순서를 유연하게 관리한다

작성해야 할 보고서가 쌓이고 있는데, 하나의 보고서에만 집중하다가 힘들어지는 경우가 종종 있다. 하루 이틀 안에 꼭 완성해야 하는 중요한 보고서가 있다면 그에 집중하는 게 맞다. 하지만, 시간이 충분함에도 다른 보고서들을 모두 미뤄두고 중요하다고 생각하는 보고서에만 몰두하다가, 정작 중요도가 떨어지는 보고서의 마감 기한을 놓쳐 낭패를 보는 일이 생기기도 한다.

중요하고 시급한 보고서를 우선해야 하지만, 삼십 분 또는 한 시간 정도만 투자하면 끝낼 수 있는 보고서가 있다면 재빨리 처리한 후 다시 해당 보고서에 집중하는 게 미래의 부담을 줄이는 방법이다. 가랑비에 옷이 젖듯, 사소하다고 판단한 보고서들을 미뤄두면 나중에 폭우처럼 큰 부담으로 다가올 수 있다. 즉, 짧은 시간에 해결할 수 있는 보고서들을 중간중간 마무리하면서 중요한 보고서에 집중하는 시간 관리가 필요하다.

질책을 당했다고 실망하지 않는다

보고서 작성을 공부하고 연습하다 보면 어느 순간 좋은 보고서를 쓸 수 있다는 자신감이 붙는다. 그런 상황에서 상급자에게 크게 지적받을 때 마음에 상처를 입는다. 지적이 정말 부족한 부분 때문일 수도 있고, 관점이 서로 다르거나 상급자의 기분이 좋지 않은 경우일 수도 있다. 또한 상급자가 보고서를 제대로 이해하지 못하는 때도 있다.

잘못된 점이 있다면 수정하면 되고, 관점의 차이라면 스토리를 보완하면 된다. 상급자의 기분이 불편하다면 상황을 봐서 다시 보고하면 되고, 상급자의 보고서 역량이 부족하다면 오히려 수정하는 자세를 보여 신뢰를 얻으면 된다. 실망하는 순간 보고서 작성 역량은 더 이상 성장하지 못한다. 뛰어난 역량을 갖춘 직원조차 예상치 못한 질책을 받는 일이 종종 있다는 걸 기억하자.

 이런 마음가짐이 반드시 성공을 보장하지는 않지만, 흔들리지 않고 한 걸음 한 걸음 꾸준히 나아가는 데 분명 도움이 될 것이다.

MZ세대는 왜 보고서 앞에서 멈췄을까

영화를 보면, 그때는 재미있었지만 금방 잊히는 작품이 있고, 시간이 지나도 머릿속에 남아 문득문득 떠올리며 미소 짓게 하는 작품이 있다. 필자에게 1994년 개봉한 톰 행크스 주연의 포레스트 검프(Forrest Gump)는 후자에 속하는 영화 중 하나다.

경계선 지능으로 놀림을 받던 주인공 소년이 달리기에 재능이 있음을 깨닫고 끊임없이 달리며 진정한 삶의 의미를 찾아가는 이야기로, 웃음과 눈물, 감동이 모두 담겨 있다. 특히, 링컨 기념관(Lincoln Memorial) 앞 반전 집회에서 본의 아니게 청중 앞에서 연설하고, 사람들을 이끌고 모뉴먼트 밸리(Monument Valley)로 향하는 도로를 달리다 갑자기 멈춰 모두를 당황하게 만드는 장면은 아직도 선명히 기억한다.

미국을 여행하며 영화 속 장면 하나하나를 따라가 본 경험은 색다른 추억이었다. 비록 실존 인물은 아니지만, 포레스트 검프가 보여준 **뚝심과 긍정적인 생각, 그리고 집중력은 보고서 작성에 가장 필요한 마음가짐이 아닐까.** "Run! Forrest, Run!"

포레스트 검프가 연설했던 워싱턴 기념탑과 링컨 기념관(왼쪽),
사람들을 이끌고 달렸던 모뉴먼트 밸리(오른쪽)

예전에도 경쟁이 치열했지만, 요즘 세대는 더 많이 준비하고 더 치열한 경쟁을 뚫어야 입사할 수 있다. 자유로웠던 학창 시절을 보낸 필자는 지금 같은 상황에서 괜찮은 직장에 입사할 수 있을지 솔직히 자신이 없다. 많은 선배, 동료들도 같은 마음일 것이다. 그래서 신입사원들을 볼 때마다 그들의 노력과 실력에 감탄하게 된다.

안타까운 점은 직장 생활에서도 경쟁이 계속된다는 것이다. 정해진 답을 찾는 학교 공부와 달리, 회사 생활은 답이 계속 변한다. '그때는 옳았지만, 지금은 아니다.'라는 상황이 반복된다. 또한 모두가 상위권이었던 사람들이 모인 만큼, 잠깐 딴생각만 해도 순식간에 중간 이하로 평가받기 쉽다.

앞서 말했듯 보고서 작성에서도 학창 시절을 떠올리며 자신만만하다가 큰코다치는 경우가 많다. 높은 수준의 학력자도 고전하는

일이 있고, 자신의 부족함을 돌아보지 않은 채 상사의 역량이나 인격 문제에 흥분하는 모습도 심심치 않게 볼 수 있다.

학교와 직장의 보고서는 다르다는 사실을 받아들이고, 우선 중간을 목표로 삼자. 중간을 거쳐야 상위권에도 도달할 수 있는 법이다. 개인적으로 중간 단계를 건너뛰고 바로 상위권에 오른 경우를 본 적이 없다. 그렇다면 어떻게 해야 중간까지 갈 수 있을까? 기본을 지키는 것이 가장 중요하다.

회사 보고서 양식을 따르고, 내 마음대로 양식은 자제한다

조직에는 검증된 보고서 작성 양식(여백, 글자체, 글자 크기, 줄 간격 등)이 있다. 오랜 시간 동안 보완과 발전을 거친 이 양식은 대부분 직원이 익숙하게 받아들인다. 보통은 명확한 수치적 지침 없이 암묵적으로 통용되는 경우가 많다.

만약 양식에 맞지 않는 보고서를 제출하면, 상급자는 내용을 읽기도 전에 불편함을 느낄 가능성이 크다. 내용이 아무리 훌륭해도 칭찬은 쉽게 나오지 않는다. 칭찬하면 또 그렇게 보고서를 작성해 올 것 같기 때문이다. 게다가 뻔히 지적당할 걸 알면서 그 보고서를 들고 본인의 상급자에게 갈 자신도 없을 것이다.

문제는 대부분 상급자가 양식에 대해 직접적으로 불만을 말하지 않는다는 점이다. 여백이나 글자체가 마음에 들지 않거나 줄 간격이 너무 좁다고 지적하면, 사람이 속 좁아 보일까 봐 다른 부분을 두루뭉술하게 지적하며 보고서를 반려하는 경우가 많다. 그래서 본인이 양식을 제대로 지키지 않아 상사가 불편해한다는 사실을 깨닫는 데 의외로 시간이 오래 걸린다. 솔직히 입사 후 몇 년이 지나도 모르는 경우가 허다하다. 직장 생활에서 경쟁력의 절반은 결국 '눈치'가 아닌가 싶다.

보고서 작성을 시작했다면 가장 먼저 회사의 보고서 양식을 찾아 익숙해져야 한다. 바쁜 회사에서 누가 친절하게 알려주지 않기에 스스로 찾아야 한다. 경영진이 결재한 보고서를 자주 살펴보자. 그것들의 공통점을 모아 보면 조직이 원하는 양식을 자연스럽게 알 수 있다.

물론 창의성을 발휘해 양식을 일부 수정하는 도전은 해볼 만하다. 다만, 조직의 보고서 양식을 완벽하게 익혀 자유롭게 활용할 수 있는 단계에서 시도하는 것이 좋다. 양식을 제대로 이해하지 못한 상태에서는 바람직하지 않다. 보고서를 잘 쓰는 사람이 새로운 시

MZ세대는 왜 보고서 앞에서 멈췄을까

도를 할 경우, 상사들의 반응은 대개 "흠… 익숙한 형태는 아니지만, 눈에 잘 들어오는군요. 괜찮은 시도이니 앞으로도 종종 활용해 봅시다." 정도다. 반면, 보고서 작성에 서툰 직원이 새로운 시도를 하면 "기본도 안 된 상태에서 이상하게 보고서를 썼네요."라는 핀잔을 듣기 쉽다. 심지어, 훌륭한 내용마저 폄하 당할 수 있다. 괜히 억울한 일을 만들지 말자.

조직의 양식에 반감을 갖기보다는 그에 맞춰 작성해 보자. 대체로 시각적·심리적으로 균형 잡히고 깔끔한 느낌을 받을 수 있다. 설령 그렇게 느끼지 않더라도, 직원 대부분이 그 양식을 사용하고 있다면 대세를 따르는 것이 직장 생활을 더 편안하게 만드는 방법이다.

기본을 지켜 중간은 가자_(2)
간결하고 정확한 내용

보고서 작성 양식 다음으로 반드시 지켜야 할 기본은 '무엇을 어떻게 담아 전달해야 보고서 수요자가 이를 성공적으로 활용할 수 있을 것인가?'에 대한 사항이다.

상급자는 바쁘다
기대하는 내용을 중심으로 간결하고 정확하게 전달한다

첫째, **목적에 맞게 내용을 구성하고, 꼭 필요한 사항을 빠짐없이 담자.** 예를 들어, 행사 계획서에 참석 대상이 빠지고, 회의 결과 보고서에 발언 내용이 없으며, 현안 대응 보고서에 향후 추진계획을 누락시키면 제대로 된 보고가 될 수 없다.

행사 계획서라면 행사 기본 정보(언제, 어디서, 누구와…)와 세부 계

MZ세대는 왜 보고서 앞에서 멈췄을까

획이 포함되어야 한다. 회의 결과 보고서라면 회의 기본 정보, 주요 발언 내용과 발언자, 시사점 등이 명확히 담겨야 한다. 현안 대응 보고서라면 추진 배경, 대내외 환경 분석, 해결 방안, 향후 추진계획 등이 포함되어야 한다.

또한 각 항목의 중요도를 고려해 분량을 적절히 조절해야 한다. 추진 배경을 열 줄 쓰고 해결 방안은 세 줄만 쓴다면 균형이 맞지 않는다. 참고로 《보고서의 법칙》에서는 보고서 유형별 구성 항목을 다음과 같이 제시하고 있다. 상황에 맞게 항목을 조정하거나 통합하고, 필요에 따라 세분화하며 사용하면 된다.

구분	보고서 유형별 구성 항목
사업·정책 기획	▸ 제목 - 개요 - 추진 배경 - **현황** - **문제점** - **해결 방안** - **기대효과** - 조치 사항
행사·회의 기획	▸ 제목 - 개요 - 추진 배경 - **행사·회의 내용** - 조치 사항
상황·요약 보고	▸ 제목 - 개요 - 추진 배경 - **주요 상황·내용** - **시사점** - (조치 사항)
결과 보고	▸ 제목 - 개요 - 추진 배경 - **현황** - **문제점** - **추진 결과** - **기대 효과** - (조치 사항) ※ 회의 결과 보고는 제목 - 개요 - **회의 결과** - **주요 발언** - **시사점** - (조치 사항)

■ 보고서 유형별 구성 항목

둘째, **한두 페이지면 충분한 보고서를 장황한 설명으로 늘리지 말자.** 내용이 길어질수록 논리적인 전개를 유지하기 어려워지고, 상급자의 인내심도 금세 바닥난다. 논점과 무관한 내용을 쓸데없이 자세히 적었는지, 같은 내용을 반복하고 있지는 않은지, 꼼꼼히 확인하고 이를 과감하게 덜어내야 한다. 보고서는 초안 쓰기가 쉽지 않지만, 불필요한 내용을 줄이고 통합하는 작업은 그보다 더 어렵다. 그래도 꼭 거쳐야 할 과정이다. 단, 내용을 지나치게 압축해 오히려 이해하기 어렵게 만들어서는 안 된다.

셋째, **직장 보고서라는 울타리를 이해하고, 넘어서지 말자.** 보고서는 수필도, 연구 논문도 아니다. 모호하거나 감정적인 표현은 최대한 자제해야 한다. 또한 보고서 일부분에 지나치게 깊이 파고들어 내용만 길어지고 논점은 흐려지는 실수도 피해야 한다. 가끔 보고서에 너무 몰입한 나머지 논문 썼냐는 피드백을 받기도 한다. 학교에서는 이 말이 칭찬일 수 있지만, 직장에서는 다시 쓰라는 뜻이다. 전문 용어나 약어를 사용해야 할 경우, 반드시 그 의미를 함께 설명한다.

넷째, **출처가 분명하고 공신력 있는 자료를 활용하여 대안을 마련하고, 의견을 명확히 하자.** 상급자가 의사결정을 해야 하는 상황에서, 환경 분석 결과와 대안만 잔뜩 나열해 놓고 정작 본인의 의견은 빠진 채 '어찌하오리까?' 식의 보고서를 만들면 곤란하다. 공감할 만한 근거 없이 주장만 내세우는 것도 문제지만, 대안별 장단점만 설명하고 결론을 내리지 못한 채 상급자에게 판단을 떠넘기는 태도 역시 바람직하지 않다.

결국, 회사에서 통용되는 보고서 양식에 따라 꼭 필요한 내용을 간결하고 정확하게 담아, 상급자가 올바른 의사결정을 적시에 내릴 수 있도록 지원할 때 비로소 보고서는 제 역할을 하며 빛난다.

미국 생활에서 꼭 필요한 품목을 꼽을 때 빠질 수 없는 것은 단연 자동차다. 워낙 땅이 넓다 보니 일부 대도시를 제외하면 대중교통이 매우 불편하고, 안전 문제도 있어 대부분의 이동은 개인 차량이 필수다. 미국에 도착하자마자 친구에게 소형차를 인수했고, 가족용 차량은 중고 거래 사이트인 크레이그리스트(Craigslist)를 통해 구하기로 했다. 그런데 금방 끝날 줄 알았던 일이 무려 삼 개월이나 걸렸다.

차를 보러 가면 어김없이 문제가 있었다. 외관과 내장이 심하게 훼손됐거나 경고등이 여러 개 켜져 있었고, 서류상 사고 이력이 있는 차량도 적지 않았다. 더 놀라웠던 건, 판매자 대부분이 똑같은 말투와 태도로 접근한다는 점이었다. 차량 상태가 분명 엉망인데도, 장황하게 설명을 늘어놓은 후 상태가 괜찮다는 말만 반복하며 빠른 계약을 유도했다. 마치 대본이라도 있는 듯한 레퍼토리에 기가 막혔고, 나중엔 화를 낼 힘도 없었다. 이건 누가 무슨 생각으로 썼는지 전혀 감이 안 잡히는 보고서를 읽을 때의 기분과 비슷했다.

인내심이 거의 바닥날 무렵, 거래 사이트에 괜찮아 보이는 차량이 하나 올라왔다. 그런데 가격이 같은 모델의 다른 차량보다 3천 달러나 비쌌다. 망설이다가, 이렇게 비싸게 부르는 데는 분명 이유가 있을 것으로 생각하고 직접 만나 보기로 했다.

차를 보여준 사람은 백인 노신사였고, 차량 상태는 기대 이상이었다. 십삼 년이나 운행한 차량이라고는 믿기지 않을 정도로 내·외관이 깔끔하게 관리돼 있었다. 계기판에는 경고등 하나 들어와 있지 않았고, 차량 등록증도 문제없었다. 차를 구매한 이후 해당 브랜드의 공식 정비소에서 엔진오일 교체를 포함한 모든 정비 이력을 남기며 관리해 왔다. 주요 소모품도 완벽히 교체된 상태여서 몇 년은 수리 없이 탈 수 있을 정도였다. 보고서로 비유하자면, **표준 양식을 완벽하게 준수하며 핵심 내용을 간결하고 정확하게 담아낸, 말 그대로 최고 수준이었다.**

자동차 전문가인 친구들조차 이 정도면 전혀 돈이 아깝지 않다며 입을 모았다. 그분은 미국에서 오랫동안 공무원 생활을 하신 분으로 차량에 대한 자부심이 대단했다. 처음에는 단 한 푼도 깎아줄 수 없다며 단호했으나, 출신 학교에서 박사 과정을 밟으며 고생 중이라는 이야기를 듣고 5백 달러를 과감히(?) 할인해 주었다.

이 차와 함께 미국 최남단 키웨스트(Key West) 여행을 포함해 총 10만 킬로미터에 달하는 장거리 로드트립을 무사히 해냈다. 단 한 번도 고장으로 멈춘 적이 없었고, 필자 역시 차를 애지중지하며 운행했다. 돌이켜보면, 그 백인 노신사분은 오랜 시간 동안 차의 외형과 기능을 존경스러울 정도로 철저하게 관리해 왔다. 분야는 다르지만, 우리가 보고서를 쓸 때 본받아야 할 자세라고 생각한다.

로드트립을 책임져 준 세쿼이아(왼쪽),
시애틀의 스페이스 니들(가운데 위)과 샌프란시스코의 금문교(가운데 아래),
그리고 맑은 날에는 쿠바까지 바라보이는 키웨스트(오른쪽)까지 누비다

MZ세대는 왜 보고서 앞에서 멈췄을까

보고서를 업그레이드하자_(1)
스토리와 고심의 흔적

다시 한번 강조하지만, 보고서를 대할 때는 우선 '왜 쓰는지'를 명확히 이해해야 한다. 그리고 양식과 내용을 충실히 지켜 차분하게 작성할 수 있다면, 이미 보고서 작성에 있어 중간 그룹에 진입한 셈이다. 그렇다면 이제 다음 단계로 넘어갈 방법은 무엇일까? 당연히 추가적인 동력이 필요하다.

스토리가 자연스럽게 전개되어야 한다

보고서에 꼭 필요한 내용을 빠짐없이 담았다면, 기본적인 구성은 갖췄다고 볼 수 있다. 하지만, 같은 구성이라도 스토리의 전개가 얼마나 자연스러운지, 읽는 느낌이 매끄러운지는 전혀 다를 수 있다. 보고서를 썼다면, 다음 사항들을 점검해 본다.

우선, **보고서 구성 단계별로 단단한 연결고리가 있어야 한다.** 단계를 넘어가는 과정에서 '왜 이런 선택을 했는지?'(why)에 대한 설명 없이 결과만 나열하면, 스토리는 끊기고 만다. 물론 모든 why를 보고서에 다 담을 수는 없다. 분량이나 중요도를 고려해 말로 설명하는 때도 많다. 하지만 why를 아예 생각하지 않고 보고서를 작성하면, 논리의 흐름은 단절되고 상급자의 궁금증은 커진다. 마치 드라마 초반에 다양한 설정과 복선을 던져놓고, 끝까지 회수하지 못했을 때 느끼는 답답함과도 같다.

현안 A가 발생하여 이를 해결하고자 보고서를 쓴다고 가정해 보자.
• 현안 A가 발생했다(why? 원인, 주체, 시점 등).
• 현안 A에 대응해야 한다(why? 중요성, 시급성, 영향력 등).
• 현안 A의 대내외 여건은 이렇다(why? 공신력 있는 자료 등).
• X라는 기법을 활용하여 문제 원인을 진단했다(why X? 기법의 우수성 및 적합성, 과거 사례, 다른 기업 사례, 확보된 데이터 수준 등).
• 세 가지(E/F/G) 대안을 도출했다(why 세 가지? 회의, 브레인스토밍, 벤치

마킹, 전문가 자문을 통해 도출하고, 효과성 등을 고려해 선정).

- 조직, 예산, 협상 가능성 등 종합적인 관점에서 F 대안이 타당하다 (why F? 비계량적 또는 계량적 판단 결과 등)···

다음으로, **보고서 단계별 강약 조절이 필요하다.** 강약이 없다고 해서 잘못된 보고서는 아니지만, 적절한 강약 조절이 있을 때 보고서의 스토리는 더욱 자연스럽고 설득력 있게 다가온다. 배경에서는 문제의 중요성과 시급성을 강조하고, 현황 진단에서는 냉철하고 객관적인 분석을 보여줘야 한다. 대응 방안에서는 신중한 대안 제시와 선택에 대한 강한 믿음을 담고, 향후 계획에서는 체계적이고 신뢰할 수 있는 추진 의지를 드러내는 식으로 강약을 조절하는 게 좋다. 반대로 현황 진단에서 과도하게 흥분하거나 대응 방안에서 자신감이 부족하면, 상급자의 마음도 불안해질 수밖에 없다.

고심의 흔적이 드러나야 한다

보고서를 처음 쓸 때는 기본적인 부분도 어렵기 때문에, 잘 작성된 다른 직원의 보고서나 유사한 사례를 참고해 모방하는 것이 좋은 방법이다. 많은 상급자와 동료들도 이를 추천한다. 그러나, 일정 시간이 지나면 반드시 변화를 보여야 한다. 매번 비슷한 패턴과 대안만 반복하면 상급자는 회사 생활을 쉽게 하려 한다고 오해를 할 수 있다. 이럴 때 필요한 건 충분한 고민의 시간을 갖고, 조금씩 보고서에 변화를 주는 것이다.

✓ 보고서 양식을 내용과 분량에 맞춰 유연하게 조정해 가독성을 높일 수 있을까?

✓ 환경 분석을 할 때 기존에 사용하던 A 기법 대신 최신 기법인 B를 적용해 보면 어떨까?

✓ 보통 브레인스토밍으로 대응 방안을 찾았는데, 비슷한 문제를 겪은 다른 회사 사례나 해외 사례는 없을까? 해당 분야 전문가 의견도 반영할 수 있을까?

✓ 대응 방안 추진을 위한 전담팀(Task Force)이 자주 구성되는데, 다른 방법으로 추진하거나 비용을 절감할 방법은 없을까?

✓ 여러 부서가 협력해야 하는데, 이들이 적극적으로 참여하도록 유도할 방안은 무엇일까?

✓ 이런 방안들을 시행했을 때 예상되는 문제점은 무엇이며, 이를 어떻게 해결할 수 있을까?

보고서에 필수 내용을 모두 담았다고 생각해도, 단계별로 why라는 질문을 연결고리로 삼고 강약을 적절히 조절하며 완성도를 높여야 한다. 여기에 기존 보고서 틀을 과감히 깨고 자신만의 깊은 고민을 담는다면 상급자의 평가도 크게 달라질 것이다.

MZ세대는 왜 보고서 앞에서 멈췄을까

스토리가 자연스럽고 몰입감 있으면서도 깊은 고민과 변화를 담았다면 좋은 보고서로 인정받는다. 여기에 읽는 내내 시각적, 심리적으로 편안함을 주고 이해하기 쉽다면, 이는 금상첨화(錦上添花)라 할 수 있다. 좋은 것 위에 또 하나의 좋은 것이 더해진 셈이다.

사람들과 대화하다 보면 "나는 외모보다 내면을 중시해."라는 말을 자주 듣는다. 진심일 수도 있고, 속으로는 외모가 더 중요하다고 생각하면서도 직접 말하기를 꺼리는 때도 있다. 사람들은 내면을 중요하다고 말하면 더 좋은 평가를 받을 거라 기대하기 때문이다. 물론 내면을 중요시한다는 말에는 외모도 보통 이상은 되어야 한다는 암묵적인 전제가 깔린 경우가 많다.

그렇다면 과연 외모를 중시하는 것이 나쁜 걸까? 사람은 본능적으로 아름다움을 추구한다. 다만, 여기서 말하는 아름다움은 단순히 얼굴이나 몸매가 뛰어난 것만 뜻하지 않는다. 몸가짐을 단정히 하고, 상황에 맞게 깔끔하게 옷을 입으며, 타인의 마음에 상처를 주지 않는 태도까지 아우르는 개념이다. 누구나 외모에 자연스레 끌리기 마련이며, 내면은 그런 외모와 함께할 때 더욱 빛을 발한다.

시각적이고 심리적으로 편안한 보고서를 작성한다

내면이 탄탄한 보고서를 쓰는 것이 매우 중요하다는 점은 앞서 언급한 바 있다. 여기에 더해 외적인 아름다움까지 갖추어 보는 이로 하여금 즐겁고 편안함을 느끼게 한다면, 더욱 완성도 높은 보고서가 된다.

보고서를 상급자 앞에 놓으면 첫인상이 몇 초 만에 결정되며, 상급자는 그 보고서를 더 읽을지 아니면 바로 반려할지를 판단하게 된다. 그 짧은 시간 안에 내용을 모두 파악할 수는 없다. 상급자가 가장 먼저 확인하는 것은 '보기 편안한지'와 '가능하다면 전체 내용이 한눈에 들어오는지'이다. 이후에는 상급자의 입장을 고려한 배려가 담겨 있어야 심리적으로도 편안하게 읽힐 수 있다.

남의 시선을 의식한다

인스타그램 등 소셜 미디어(social media) 시대를 살아가는 우리는 이전보다 훨씬 더 남의 시선을 의식하며 생활한다. 멋진 장소에서 예쁜 사진을 찍어 지인들과 공유하며 즐거움을 느낀다. 그렇다면 보고서도 보기 좋은 형태로 작성하고 싶지 않은가? 내용의 충실성이 가장 중요하지만, 그 내용을 먼저 '읽고 싶게' 만들어야 한다. 첫인상이 중요한 이유다. 내용이 부족해 질책받을 만한 보고서라도, 깔끔하고 단정한 외모를 갖추고 있다면 '분발하자'라는 격려의 피드백으로 끝날 수 있다.

그래서 앞서 보고서 양식을 여러 차례 강조했다. 페이지 여백부터 글자체, 글자 크기까지 상급자가 편안하게 읽을 수 있도록 신경 써 작성하자. 설명이 길어질 때는 도표, 그래프, 이미지 등을 활용해 정보를 전달함으로써 지루함이 생기지 않도록 해야 한다. 또한 오자, 탈자, 숫자나 고유명사의 잘못된 표기, 시제 불일치, 페이지 번호 누락 등 신경 쓰이는 실수를 최대한 줄이는 것이 중요하다. 다만 띄어쓰기, 외래어 사용 등은 회사의 요구 수준에 맞추어 적용하는 것이 바람직하다.

남의 마음을 의식한다

몇 날 며칠 고민해서 보고서 양식을 정제하고 내용을 꼼꼼히 작성했는데도 상급자에게 깨지는 경우가 있다. 그 이유는 상급자의 생각을 전혀 고려하지 않고, 본인 관점에서만 접근해 자기 할 말만 하기 때문이다. 결국 보고서는 상급자의 의사결정을 돕기 위한 것이다. 따라서 상급자의 관점에서 논리를 전개하고, 필요한 정보를 제공하며, 대안도 상급자가 이해하고 수용할 수 있도록 잘 선택해야 한다.

모든 대안은 장단점이 있고, 최종 선택은 개인마다 차이가 있을 수 있다. 이미 상급자가 A라는 대안에 마음이 기울어 있는데 작성자가 B를 주장하면 보고서가 쉽게 마무리되지 않는다. B가 분석 결과 최적이라 생각되더라도, 오랜 경험을 가진 상급자가 A에 마음을 둔 이유를 이해하고 재검토해 보자. 정말 상급자의 생각이 궁금하다면 직접 물어보는 것도 좋은 방법이다.

개인적으로 상급자의 선택이 조직에 심각한 피해를 줄 것으로 판단되면 강하게 다른 의견을 제시하지만, 결과 차이가 크지 않다면 상급자의 의견에 논리적 근거를 세워 따라가는 것도 하나의 방법이다. 현실에서는 데이터 분석 결과보다 경험 많은 상급자의 판단이 더 옳을 때가 종종 있다.

이해하기 쉬운 보고서를 작성한다

보고서는 조직 내 소통의 핵심 수단이므로 궁극적인 성공 여부는 소통이 제대로 이루어졌는지에 달려 있다. 앞서 언급한 모든 사항을 충실히 반영했더라도, 소통에 실패하거나 잘못 전달되었다면 보고서의 역할은 무산된 셈이다. 의외로 이런 일들이 자주 발생하는데, 그 이유를 보면 보고서가 지나치게 어렵거나 복잡하기 때문이다.

작성자는 상급자가 회사 생활을 오래 했으니 이 정도는 알겠거니 생각할 수 있다. 하지만, 회사 내에는 다양한 부서와 직무가 있고, 사람마다 담당하는 직무가 자주 바뀌기도 한다. 따라서 보고받는 사람이 모든 내용을 이미 알고 있다는 가정을 버리고, 가장 쉽게 이해할 수 있도록 작성해야 한다. 또한 상급자가 모른다고 해서 속으로 무시하거나 경시하지 말자. 언젠가는 본인도 같은 처지가 될 수 있음을 기억하며, 늘 상대방의 관점에서 생각하는 태도가 필요하다.

이 업무를 전혀 모르는 사람도 이해할 수 있도록 쓴다

직장 생활에서 자주 들었던 말 중 하나로, 여전히 중요한 원칙이다. 어떤 이는 초등학생도 이해할 수 있어야 한다고 하고, 다른 이는 길 가던 행인 누구라도 이해할 수 있어야 한다고 한다. 다소 과장된 표현일 수 있지만, 결국 '보고서는 누구나 쉽게 내용을 파악할 수 있어야 한다.'라는 의미다. 그래야만 상급자가 신속하고 정확하게 의사결정을 내리고, 본인이 무엇을 해야 할지 명확히 파악한다. 만약 상급자가 보고서를 다 읽고도 의사결정을 하지 못하거나, 다음 행동이 불분명하다면 반드시 수정되어야 한다. 무엇보다 보고서는 '받는 사람에게 유용한 정보'가 되어야 한다는 점을 잊지 말자.

적절한 타이밍에 보고한다

좋은 보고서도 적절한 때에 보고되어야 가장 효과적으로 빛을 발한다. 예를 들어, 신규 사업 추진을 위한 준비 과정을 담은 보고서를 작성했다고 하자. 시장조사부터 자료 분석까지 꼼꼼히 시행했고, 탄탄한 논리에 기반한 내용 전개로 동료들에게 잘 썼다는 평가도 받았다. 그런데 보고서 마감 기한보다 늦어져 경쟁 중인 다른 부서에서 이미 사업 준비까지 마쳤거나, 기한 이전이지만 상급자가 갑자기 다른 프로젝트로 정신없이 바쁘거나, 혹은 기분이 좋지 않은 상황이라면 보고의 효과는 크게 떨어질 수밖에 없다. 따라서 작성 여건의 변화를 수시로 파악하며 보고서를 완성하고, 적절한 시점에 보고하는 것이 중요하다.

마감 기한을 맞추고, 피드백 반영 시간을 확보한다

아무리 잘 작성한 보고서라도 마감 기한을 놓치면 효과가 반감된다. 지적을 최소화하고 완성도를 높이기 위해서는 내용뿐만 아니라, 보고 시점도 꼼꼼히 신경 쓰도록 한다. 스스로 마감 기한을 정하고 상급자의 승인을 받았다면, 그 기간을 최대한 활용해 충분히 준비한 뒤 보고하자. 상사가 별도로 마감 기한을 지정했다면, 반드시 정해진 기한보다 여유를 두고 미리 보고하자. 예를 들어 시간 단위로 정해졌다면 최소 한두 시간 전에, 일 단위라면 최소 하루 또는 이틀 전에 보고서를 제출해 상급자가 피드백하고, 이를 보고서에 반영할 수 있는 시간을 확보하는 것이 중요하다.

분위기를 파악하고 보고한다

작성한 보고서의 가치를 제대로 전달하려면 적절한 분위기에서 보고하는 것이 중요하다. 상급자가 바쁘다면 일이 끝난 후 보고하거나, 시간이 전혀 나지 않을 경우는 요약본을 먼저 제출해 1차 보고를 하고, 추후 시간이 될 때 자세히 설명하는 방법도 좋다. 상급자의 기분이 좋지 않은 때에는 시급한 사안이 아니라면 보고서 내용을 다시 한번 꼼꼼히 점검하고 보완한 뒤 다음 기회를 노리는 것이 현명하다.

보고서 작성의 기본 양식과 내용을 충실히 지키고, 자연스러운 스토리 전개와 함께 본인만의 고민을 담아낸다. 상대방이 편안하게 이해할 수 있도록 작성하고, 최적의 타이밍에 소통까지 마무리한다면 보고서 수준은 한 단계 올라가게 된다. 분명 쉽지 않은 과정이지만, 그만큼 가치 있는 일이다.

미국 남부에 있는 루이지애나주(State of Louisiana)의 뉴올리언스(New Orleans)를 이야기할 때 빠질 수 없는 것이 바로 '재즈(Jazz)'다. 19세기 말부터 20세기 초, 뉴올리언스 아프리카계 미국인 사회에서 탄생한 이 음악 장르는 블루스(Blues), 래그타임(Ragtime), 아프리카 리듬(African rhythms) 등이 융합되어 만들어졌다.

칵테일 한잔 마시며 재즈로 분위기를 잡던 시절이 생각났고, 재즈의 고향에 방문한 만큼 공연 역시 보고 싶었다. 그래서 재즈계의 성지이자 루이 암스트롱(Louis Armstrong)도 공연했던 프리저베이션 홀(Preservation Hall)을 찾았다. 예전에 봤던 재즈 공연과는 차원이 다른, 눈물이 날 만큼 감동적인 역대급 공연이었다.

입구 간판부터 실내 공연장까지, 마치 19세기 말로 시간 여행을 한 듯 초기 재즈 공연장의 분위기가 그대로 느껴졌다. '재즈란 이런 것이다.'라는 듯 자연스럽게 음악을 풀어가는 모습은 마음을 편안하게 했고, 점점 고조되어 마침내 루이 암스트롱의 'What a Wonderful World'로 절정에 다다르며 재즈의 매력을 온몸으로 느낄 수 있었다. 나도 모르게 눈물이 나 살짝 머쓱해하고 있었는데, 옆에 있던 노부인도 눈물을 훔치고 있었다. **스토리와 고심, 배려와 타이밍이 완벽하게 어우러진 멋진 공연이었고, 이를 위해 얼마나 많은 노력을 기울였을지 가늠조차 하기 어려웠다.** 이런 감동을 글로 담아내고 나눌 수 있다면 얼마나 좋을까 싶다.

마치 19세기 말로 돌아간 듯한 느낌의 프리저베이션 홀

MZ세대는 왜 보고서 앞에서 멈췄을까

작성 프로세스에 올라타자_(1)
상황 파악, 목표 설정 및 목차 작성

    상급자의 지시로 보고서를 작성할 때, 곧바로 문서 작성 프로그램을 열고 시작하지는 않는다. 분초를 다투는 긴급한 상황이라면 예외일 수 있지만, 대부분은 보고서의 방향과 내용을 구상하는 시간이 필요하다.

    최근에는 인공지능(ChatGPT 등)을 활용해 보고서 목차를 구성하고, 주요 내용을 체계적으로 정리한 뒤 작업을 빠르게 진행하는 방법도 자주 사용된다. 필자 역시 익숙하지 않은 분야의 보고서를 작성할 때나, 기본적인 내용 파악이 필요할 때 인공지능을 유용하게 활용하고 있다. 그러나, 아직은 인공지능의 도움으로 가능한 일과 사람이 직접 해야 하는 일이 나누어져 있다.

    마음이 급하다고 해서 보고서가 순식간에 완성되는 것은 아니다. 먼저 차분하게 상황을 파악한 후, 보고서의 완성을 위해 작성 프로세스 단계별로 밟아 나가는 것이 좋다. 그 과정에서 디지털 도구도 적절히 사용하며 효율성을 높이면 된다. 즉, 좋은 보고서를 위해서는 그 본질을 정확히 이해하고, 그에 맞는 체계적인 절차에 따라 핵심 사항을 꼼꼼히 짚어가며 작성하는 노력이 필요함을 명심해야 한다.

보고서의 전체적인 상황과 목표를 명확히 정립한다

보고서는 배경, 대상, 제출 기한 등에 따라 그 성격이 달라진다. 따라서 작성에 앞서, 자신이 맡은 보고서의 상황과 정체성을 먼저 명확히 해야 한다. 기업이나 조직에 따라 요구 사항은 조금씩 다르지만, 일반적으로 확인해야 할 주요 사항은 다음과 같다.

구분	보고서 작성 시 확인 사항
배경은 무엇인가?	▶ 현안 대응 / 중장기 계획 수립 / 사업 기획 / 정책 제안 / 제도 개선 / 행사(회의) 개최 / 정보 전달 / 결과 보고 등
대상은 누구인가?	▶ 최고경영자(CEO) / 경영진(이사급) / 관리자(부서장급) / 관리자(부장급) / 실무자(차장급) / 동료 등
기한은 언제까지인가?	▶ 수 시간 내 / 금일 내 / 이삼일 내 / 일주일 내 / 한 달 내 / 특정 시점까지 등
분량은 어느 정도인가?	▶ 본문 1페이지 이내 / 1~2페이지 / 3~5페이지 / 6~10페이지 / 11페이지 이상 등
협조는 얼마나 필요한가?	▶ 단독 작성 가능 / 부(서)원 / 관련 부서 / 전사 부서 / 내·외부 전문가 등
확산은 어디까지 되는가?	▶ 보고 대상자 한정 / 부(서)원 / 관련 부서 / 전사 부서 / 외부 공개 등

MZ세대는 왜 보고서 앞에서 멈췄을까

목표는 무엇인가?	▸ 현안 해소 / 전략 수립 / 신규 사업 착수 / 정책 반영 / 규정 개정 / 행사 완료 등 ※ 목표는 구체적일수록 좋다.
의사결정의 리스크는 어떠한가?	▸ <여부> 발생 / 미발생 <기간> 단기 / 중기 / 장기 <대상> 전사 / 본부 / 부서 등

■ 보고서 작성 시 확인 사항

작성자는 각 항목을 하나씩 점검하면서 보고서의 중요성, 시급성, 영향력 등을 종합적으로 판단해야 한다. 이러한 판단을 바탕으로 작성 우선순위, 작성 속도, 자료 확보 방법, 의견 수렴 여부 등을 결정하게 된다. 초기에 방향을 제대로 잡아야 이후 작업도 효율적으로 진행할 수 있다.

- 예) 현안 대응 사항으로, 최고경영자에게 수 시간 내에 보고해야 한다. 본문 분량은 1페이지이며, 보유하고 있는 기존 자료를 활용해 신속하게 작성한다. 보고 내용은 대상자 외에는 공유하지 않는다. 적시에 의사결정을 지원하여 현안을 해소하는 데 목적이 있으며, 이를 해소하지 못하면 전사적인 경영 리스크가 발생할 수 있다.

- 예) 정책 제안 사항으로, 최고경영자에게 일주일 이내에 보고해야 한다. 본문 분량은 3~5페이지(또는 5~10페이지)이며, 관련 부서로부터 자료 지원을 받아 작성한다. 보고 내용을 관계자들과 공유하여 의견을 수렴한 후 최고경영자의 승인을 받아 정책 반영을 추진한다. 이를 반영하지 못하면 특정 사업에서 리스크가 발생할 수 있다.

보고서 목차를 구성한다

보고서의 목차는 스스로 구성할 수도 있고, 유사한 주제의 우수 보고서를 참고해도 좋다. ChatGPT 같은 도구를 활용해 초안을 빠르게 잡는 방법도 효과적이다. 가장 기본적인 보고서 목차는 '제목 – 검토 배경 – 현황 분석 및 문제점 진단 – 개선 방안 – 향후 계획 및 기대효과'이다. 물론 보고 목적에 따라 이를 탄력적으로 조정해야 한다. 예를 들어, 사건이나 결과를 중심으로 한 보고서의 경우에는 '주요 상황(내용) – 시사점'이 주요 항목으로 들어가야 할 것이다.

최근 여러 기업의 업무 관계자들로부터 직원들의 보고서 품질이 전반적으로 낮아졌다는 얘기를 듣고는 한다. 이를 주제로, 원인을 진단하고 해결 방안을 제시하는 보고서를 작성한다고 가정해 보자. 세부 목차 초안은 다음과 같다.

구분	세부 목차 초안
제목	▸ 직원 보고서 품질 저하 원인 분석 및 개선 방안(또는 역량 강화 방안)
검토 배경	▸ 직원 보고서 품질이 떨어지는 것에 대한 조직 내·외부의 우려 증가
현황 분석	▸ 최근 직원 보고서 품질 저하 사례 수집 및 분석 ▸ 관리자급 포커스 그룹(Focus Group) 인터뷰 진행 및 결과 분석 ▸ 전 직원 대상 사내 설문조사(자기 인식, 난이도 평가 등) 실시 및 결과 분석
문제 원인 진단	▸ 교육적 요인: 실무 보고서 작성에 대한 체계적인 교육 부족 ▸ 문화적 요인: 피드백 및 수정 문화 약화로 개선 기회 제한 ▸ 환경적 요인: 메신저 중심 의사소통으로 글쓰기 훈련 기회 감소 ▸ 심리적 요인: 보고서에 대한 부담 및 상급자 비판 회피 성향
유사 사례 및 벤치마킹	▸ 타 기업 보고서 역량 강화 사례 조사 　(A기업 '보고서 코칭 시스템', '보고서 클리닉' 등) ▸ 보고서 작성 전문가 자문 실시(2인 이상)

개선 방안 제시	▶ 단기 방안
	  - 보고서 기본 양식 배포 및 작성 우수사례 공유
	  - 실무형 보고서 작성 워크숍 실시(분기별)
	▶ 중기 방안
	  - 팀별 피드백 문화 정착(피드백 가이드라인 제공)
	  - 우수 보고서 경진대회 개최 및 사내 공유
	▶ 장기 방안
	  - 보고서 멘토-멘티 제도 도입
	  - 보고서 작성 역량을 인사(승진, 전보 등), 평가 등에 활용

향후 계획 등	▶ 개선 방안별 추진 로드맵에 따라 연말까지 완료 - 방안별 추진 주체 설정 및 예산 지원 ▶ 추진 실적 점검을 위한 정기 워크숍 개최(격월) ▶ 실행 시 기대 효과(의사결정 속도 향상, 조직 내 신뢰 회복 등)

■ 보고서 품질 향상을 위한 세부 목차(초안)

    신속하게 목차 초안을 완성할 수는 있지만, 실제 보고서 작성 과정은 그리 간단하지 않다. 예를 들어, 제시된 현황 분석을 기한 내에 수행할 수 있을지, 분석 결과가 설정한 목차와 잘 맞을지, 개선 방안을 조직 내에서 실행할 수 있을지 등 여러 불확실성이 존재한다.

    그럼에도, 기본적인 목차를 먼저 구성해 두는 편이 좋다. 이를 통해 방향성을 잃지 않고, 핵심 사항도 챙기면서 보고서를 체계적으로 작성할 수 있기 때문이다. 물론 보고서를 작성하면서 목차는 현실에 맞춰 유연하게 보완해야 한다. 처음부터 완벽한 목차를 만들기보다는, 초안을 기준으로 상황에 맞춰 조정하는 접근이 더 효과적이다.

여행을 준비할 때는 대체로 목적지의 관광 명소를 찾아보고, 그에 맞춰 일정을 짠다. 필자도 유학 초기에 집 근처의 볼거리 위주로 짬짬이 다녀오곤 했다. 그러나, 장거리 로드트립을 준비하면서 상황은 달라졌다. 경로, 기간, 경비 등 고려할 점이 많았고, 준비 과정도 만만치 않았다. 무엇보다 관광지만 둘러보는 여행은 어딘가 밋밋하고 수동적으로 느껴져 아쉬움이 컸다. 결국, 근본적인 여행의 의미를 다시 생각해 보게 되었다.

그 작은 씨앗이 결국 나만의 스토리 나무로 자라났다. 뉴멕시코주(State of New Mexico) 쪽으로는 하늘과 우주의 신비를 보러 가고, 버지니아주(Commonwealth of Virginia) 아래쪽에서는 남북전쟁의 발자취를 따라가며, 미시간주(State of Michigan) 인근에서는 영화의 배경을 찾아보는 등 여행을 단순히 보는 것을 넘어서, 스토리가 있는 목적과 계획으로 짜임새 있게 구성하고 의미를 부여했다.

뉴멕시코주를 돌 때는 외계인 출몰로 유명한 로즈웰(Roswell), 칼 세이건의 소설을 원작으로 한 영화 〈콘택트(Contact)〉의 배경인 VLA(Very Large Array), 열기구 축제가 있는 앨버커키(Albuquerque), 외계 행성 같은 화이트 샌드 국립공원(White Sands National Park) 등을 지나며 아이들과 외계 생명체와 우주에 대해 많은 이야기를 나누었다.

〈매디슨 카운티의 다리(The Bridges of Madison County)〉, 〈파고(Fargo)〉 등 영화 이야기를 따라갔던 미시간주 경로도 인상 깊었다. 이처럼 여행이 단순히 보는 것에서 '경험하고 의미를 찾는 것'으로 바뀌자, 훨씬 즐겁고 기억에 남는 여정이 되었다. 보고서도 마찬가지다. **목적과 계획이 분명할수록 더 짜임새 있고, 의미 있는 결과물이 나온다.**

로즈웰 UFO 박물관(왼쪽 위), 열기구가 있는 앨버커키(왼쪽 아래),
VLA(오른쪽 위), 그리고 화이트 샌드(오른쪽 아래)

작성 프로세스에 올라타자_(2)
체계적 자료 확보

보고서 작성의 핵심은 어떤 자료를 확보하고, 그 자료를 어떻게 정확하게 분석하며, 이를 바탕으로 적절한 대안을 도출하는가에 있다. 아무리 보고서 구상을 잘하고, 목차를 그럴듯하게 잡았더라도 신뢰할 수 있는 자료가 없다면 보고서 작성 자체가 불가능하다. 소위 '뇌피셜'[1]로만 보고서를 작성할 수는 없다.

몇 시간 또는 금일 내 써야 할 때

긴급한 보고서는 작성자의 마음을 조급하게 만들지만, 실제로는 기존 자료를 바탕으로 작성하는 경우가 많다. 예를 들어, 회사의 현

---

1 뇌(腦)와 오피셜(Official) 혼성어. 명확한 증거로 입증할 수 없는 개인 생각을 공신력 있는 사실인 양 주장하는 행위를 말한다.

안과 대응 방안을 최고경영자에게 보고해야 하는 상황이라면, 본인 또는 동료들이 보유한 기존 보고서를 취합해 기본 틀을 잡는다. 변경된 상황을 관련 동료에게 신속히 확인하고, 신규 현안으로 인해 부득이하게 새로운 자료가 필요한 경우에는 자료 지원을 요청한다. 이처럼 시간이 부족할 때는 자료 확보와 분석에 한계가 있다는 점을 상급자도 인지하고 있다. 그에 따라 보고서에 대한 기대 수준 역시 조정된다.

며칠 시간이 있을 때

그간의 관련 보고서를 확보한 뒤, 변화된 환경 자료나 새롭게 수집된 조사 자료(설문, 인터뷰 등), 연구 결과, 최신 통계 데이터 등을 사내외 네트워크를 통해 폭넓게 취득하도록 한다. 작성 대상이 과거에 이미 보고되었고 현재도 진행 중인 사안이라면, 기존의 검토 방향이나 데이터 분석 결과와 충돌하지 않도록 주의해야 한다. 여건이 크게 달라지지 않았다면 기존 자료를 존중하는 것이 바람직하다.

이전에 제시된 개선 방안과 현재 제안하려는 방안에 차이가 있는지도 반드시 확인해야 한다. 기존 보고서에서 충분히 검토된 부분이라면 이를 활용하고, 부족하거나 빠진 부분이 있다면 이를 보완하여 새로운 대안을 제시해야 한다.

다른 부서 협조가 필요할 때

자료를 신속히 요청하는 동시에, 작성 양식과 지침(글자체, 줄 간격 등)을 함께 배포하는 것이 중요하다. 서로 다른 양식으로 제출된 파일을 통합하는 데는 예상보다 많은 시간이 소요될 수 있기 때문이다. 지원받은 자료에는 반드시 출처를 명확히 포함하도록 안내해야 한다.

반복적으로 작성할 때

매월, 매 분기 또는 매년 작성하는 반복 보고서가 있다. 이런 보고서도 담당자의 역량에 따라 품질이 달라질 수 있으므로, 최소 3~5년간의 보고서를 확보해 가장 잘 작성된 사례를 참고하는 것이 좋다. 이러한 과정에서 과거 내용을 그대로 이용하기보다는, 현재의 트렌드나 상황에 맞춰 보완하는 노력이 중요하다.

공통으로 작성할 때

부서별로 공통으로 수행하는 업무(예: 현장 사무소의 회계, 계약, 자산 관리 등)가 있다. 이러한 업무와 관련된 보고서를 작성할 때는, 먼저 시스템에서 최종 데이터를 정확히 확보하는 것이 필수다.

전임자의 보고서와 더불어 우수한 평가를 받은 다른 부서 직원의 보고서를 벤치마킹하여 참고하면 품질 향상에 도움이 된다. 만약 주변에 참고할 만한 사례가 없다면, 오히려 본인이 우수 직원일 가능성이 크다. 항상 본인의 보고서를 다른 사람이 보고 따라 할 수 있다는 책임감과 자부심을 가지는 것이 필요하다.

자료를 직접 생산할 때

보고서 작성에 필요한 자료로 기존에 생산된 것을 활용하기도 하지만, 설문조사나 인터뷰 등을 통해 직접 생산해야 할 경우도 있다. 이때 가장 중요한 것은 문항에 편향성이 없어야 한다는 점이다. 편향된 문항은 응답자를 특정 방향으로 유도하여 결과의 신뢰성을 떨어뜨릴 수 있다. 따라서 응답자가 솔직하게 답변할 수 있도록 설문지를 설계하고, 내·외부 전문가의 검토를 받는 것이 바람직하다. 본인의 의도에 따라 원하는 결과를 유도하는 행위는 금지되어야 한다.

자료 생산은 신속하게 추진해야 한다. 조사 준비 및 시행, 유의미한 참여율 확보, 데이터 취득, 결과 분석까지 절차를 거치다 보면 예상보다 많은 시간이 소요되기 때문이다.

일상 업무를 수행할 때

수시로 활용되는 업무 관련 각종 데이터는 항상 최신 상태로 업데이트하고, 시계열 형태로 체계적으로 관리하는 것이 중요하다. 예를 들어, 재무 분야를 담당하고 있다면 매출액, 영업이익, 부채비율, 금융비용 등 과거 수치뿐만 아니라, 향후 수년간의 전망 데이터도 지속 확보해야 한다. 기간은 길수록 좋다.

시스템을 이용할 때

본인의 업무와 관련성이 높은 사내 규정, 각종 사업별 세부 데이터를 제공하는 시스템을 목록으로 정리하고, 수시로 접속하여 익숙해지도록 한다.

외부 데이터를 활용하는 경우

① 법령에 대한 사항은 국가법령정보센터(https://www.law.go.kr)에서 확인한다.
② 통계에 관한 사항은 통계청 국가통계포털(https://kosis.kr), 한국은행 경제통계시스템(https://ecos.bok.or.kr) 또는 관련 부처 등에서 확인한다.

MZ세대는 왜 보고서 앞에서 멈췄을까

③ 경영에 대한 인사이트가 필요한 경우에는 딜로이트 안진회계법인(https://www.deloitte.com), 삼정KPMG(https://kpmg.com), 한국개발연구원(Korea Development Institute, https://www.kdi.re.kr), 하버드 비즈니스 리뷰(Harvard Business Review, https://hbr.org), 맥킨지 앤 컴퍼니(McKinsey & Company, https://www.mckinsey.com) 등 국내외 컨설팅 및 연구기관에서 제공하는 자료들을 확인한다.

④ 연구 논문 자료를 활용하는 경우는 드물지만, 필요한 경우 구글 스칼라(Google Scholar, https://scholar.google.com), RISS(Research Information Sharing Service, https://www.riss.kr), DBpia(https://www.dbpia.co.kr), Kiss(Korean studies Information Service System, https://kiss.kstudy.com) 등이 있다. 대체로 회사가 법인 회원으로 가입된 경우가 많아 회원 접속이 가능한 사이트를 활용하면 된다.

⑤ 최신 트렌드에 대한 자료는 해당 연도에 대한 트렌드 코리아(책자), 세계경제포럼(World Economic Forum) 보고서(https://www.weforum.org), 한국지능정보사회진흥원의 디지털 트렌드(https://www.nia.or.kr) 등을 보면 된다. 그 외 가트너(Gartner, 미국 정보기술 연구 기업, https://www.gartner.com)의 기술 트렌드, 포브스(Forbes, 미국 출판 및 미디어 기업, https://www.forbes.com)의 트렌드 등도 참고할 수 있다.

여러 기관에서 다양한 트렌드 관련 자료를 제공하고 있으므로, 필요한 자료만 선별하여 활용하는 것이 효율적이다. 또한 매년 발간되는 책자에는 중복되는 내용이 많으니, 구매 전에 이를 참고하여 투자나 시간 낭비를 피하는 것이 좋다.

TIP. 순발력을 높이는 자료 관리 방법

미국에서 유학하며 가장 힘들었던 점은 단연코 언어 장벽이었다. 아무리 열심히 공부해도 원어민을 따라가는 건 버거웠다. 수업이나 보고서를 위해 자료를 정리할 때는 그들보다 몇 배 더 많은 시간이 필요했다. 특히, 책과 논문을 읽으며 좋은 내용이라 생각했던 부분들이 며칠만 지나면 어디서 봤는지조차 기억나지 않아 답답했던 적이 한두 번이 아니었다.

그래서 어느 순간부터 좋은 표현과 내용을 정리한 요약집을 만들기 시작했다. 기억하고 싶은 부분이 나올 때마다 상황과 내용, 그리고 참조(reference)를 정확히 기록했다. 수천 권에 달하는 책과 논문을 보면서 한두 개씩 모으다 보니 어느새 분량이 꽤 많아졌고, 빠르게 찾을 수 있도록 과목별 대주제와 소주제로 체계적으로 분류했다. 이후 보고서나 졸업 논문을 작성할 때와, 특히 졸업시험을 볼 때 이 요약집이 큰 도움이 되었다.

다니던 학교의 필기 졸업시험은 약 일주일간 진행되었는데, 매일 새벽 6시에 문제가 공개되고 자정까지 답안을 제출해야 했다. 과거에는 자정에 문제를 공개하고 24시간 동안 시험을 시행했는데, 학생들의 수면 부족을 우려하여 단축한 것이었다. 어쨌든, 시간 내에 논리 정연한 답변을 작성하는 건 원어민 학생에 비할 때 유학생이 크게 불리했다. 하지만, 문제에 대한 답변 방향을 빠르고 정확하게 잡기만 하면, 요약집에 정리된 다양한 내용을 활용해 주장을 뒷받침할 수 있었다. 완벽하진 않았지만 정해진 시간 안에 답안을 제출할

MZ세대는 왜 보고서 앞에서 멈췄을까

수 있었고, 다행히 졸업시험에도 합격했다. 만약 꾸준히 자료를 모아 정리하지 않았다면, 결과가 달랐을지도 모른다. 작은 가치들이 모여 결국 큰 시너지(synergy)를 만들어 낸다는 사실을 절실히 느꼈다.

　　미국을 여행하며 인상 깊었던 곳 중 하나는 브라이스 캐니언 국립공원(Bryce Canyon National Park)이다. 그랜드 캐니언(Grand Canyon)에서 '신의 시간'을 느꼈다면, 브라이스 캐니언에서는 '신의 예술성'을 보는 듯했다. 오랜 세월 동안 물과 바람이 만들어 낸 이곳의 백미는 수만 개의 후두(hoodoo, 침식으로 형성된 높고 가느다란 암석 기둥)다. 몇 개만 있어도 멋있겠지만, 수많은 후두가 모여 죽기 전에 꼭 봐야 할 장관을 이룬다. 보고서 작성도 이와 같다. **단숨에 완성되는 것이 아니라, 마치 예술품을 조각하듯 섬세한 노력과 인고의 시간을 거쳐 완성된다.**

멕시칸 햇(Mexican Hat, 왼쪽)도 멋있지만,
셀 수 없을 정도로 많은 후두가 만들어 내는 브라이스 캐니언(오른쪽)은 환상적이다

　보고서를 구상하고, 필요한 자료를 확보·분석해 개선 방안을 도출했다면 이제 본격적으로 보고서를 작성해야 한다. 이 단계까지도 쉽지 않지만, 다음 단계인 구성한 스토리와 자료를 글로 만족스럽게 표현하는 일은 더욱 고된 작업이다. 말로는 쉽게 전달할 수 있을 것 같지만, 글로 옮기려면 적절한 단어가 떠오르지 않고, 형식과 분량을 맞추기도 어렵다. 또한 자료를 확보한 이후 처음 세운 목차에서 작성이 어려운 부분이 생길 수 있는데, 이를 삭제하거나 보완할 때 단계별 연계성이 끊기지 않도록 세심히 고민해야 한다. 고난의 연속이지만, 이왕 시작한 만큼 끝까지 완성해 보자.

준비가 끝났으니, 이제 자신감 있게 글을 쓸 차례다

1) 부담감을 내려놓고 형식과 분량에 얽매이지 않으면서
할 말을 모두 담은 초안을 완성한다

보고서 초안을 작성할 때 흔히 저지르는 실수 중 하나는 '완벽하게 쓰려는 것'이다. 문구를 다듬고 계획된 페이지 내에서 작성하려는 노력은 중요하지만, 자칫 중요한 정보가 누락 되거나 논리적 흐름이 약해질 수 있다. 또한 고민만 하다 보면 시간이 턱없이 지나가기도 한다. 초안은 완벽하지 않아도 괜찮다. 우선 할 말을 다 담는 데 집중하자.

2) 초안의 흐름이 괜찮다면,
이제는 형식과 분량을 맞춘다

분량을 맞출 때는 늘어지는 내용을 압축하고, 논리성이 약해지지 않도록 하면서 꼭 필요한 부분에 집중한다. 이 과정에서 지켜야 할 다섯 가지 원칙을 간추리면 다음과 같다.

첫째, **두괄식으로 쓰자.** 핵심 내용을 문장의 앞부분에 제시하고 부연 설명이나 근거를 뒤따라오게 한다. 상급자는 핵심을 빠르게 파악할 수 있고, 작성자는 주장을 명확히 전달하면서 일관된 논리의 흐름을 지켜내기 쉽다. 직장 보고서를 핵심이 뒤에서 제시되는 미괄식으로 쓰면 읽는 이는 따라가다 지치기 쉽고, 쓰는 이도 논리 전개가 어렵다. 미괄식에 미련이 남는다면, 개인적인 글쓰기를 할 때 활용해 아쉬움을 달래보자.

미괄식 예시	두괄식 예시
□ K 기업은 AI 전력관리 시스템과 부품 조립 로봇을 도입하는 등 설비 운영관리 효율화를 위한 디지털 전환을 적극 추진하였다. 이를 기반으로 에너지 사용을 최적화하고 생산 공정을 자동화하여 운영 비용을 줄이는 데 주력했으며, 그 노력의 결과로 전년 대비 총 900억 원에 달하는 원가 절감 성과를 거두었다.	□ K 기업은 전년 대비 총 900억 원의 원가 절감 성과를 거두었다. 이는 AI 전력관리 시스템과 부품 조립 로봇 등 설비 운영관리 효율화를 위한 디지털 전환을 적극 추진하고, 에너지 사용 최적화와 생산 공정 자동화를 통해 운영 비용 절감에 주력한 결과이다.
	□ K 기업은 설비 운영관리 효율화를 위한 디지털 전환을 추진하여 전년 대비 총 900억 원의 원가 절감 성과를 거두었다. AI 전력관리 시스템과 부품 조립 로봇 등을 도입하였고, 이를 통해 에너지 사용을 최적화하고 생산 공정을 자동화하여 운영 비용을 줄일 수 있었다.

■ 미괄식과 두괄식 비교

둘째, **개조식으로 쓰자.** 문장이 딱딱해져도 할 말만 하니 소통의 시간이 극적으로 줄어든다. 이야기하듯 서술하는 방식은 자연스럽지만, 내용을 전달하는 데 시간이 오래 걸리고 핵심을 파악하는 데도 큰 노력을 기울여야 한다. 시간에 쫓기는 의사결정권자의 에너지를 낭비해서는 안 된다.

서술식 예시	개조식 예시
□ K 기업은 전년 대비 총 900억 원의 원가 절감 성과를 거두었다. 이는 AI 전력관리 시스템과 부품 조립 로봇 등 설비 운영관리 효율화를 위한 디지털 전환을 적극 추진하고, 에너지 사용 최적화와 생산 공정 자동화를 통해 운영 비용 절감에 주력한 결과이다.	□ K 기업은 전년 대비 총 900억 원의 원가 절감 달성 ○ AI 전력관리 시스템과 부품 조립 로봇 등 설비 운영관리 효율화를 위한 디지털 전환 적극 추진 - 에너지 사용 최적화 및 생산 공정 자동화를 통해 운영 비용 절감에 주력
□ K 기업은 설비 운영관리 효율화를 위한 디지털 전환을 추진하여 전년 대비 총 900억 원의 원가 절감 성과를 거두었다. AI 전력관리 시스템과 부품 조립 로봇을 도입하였고, 이를 통해 에너지 사용을 최적화하고 생산 공정을 자동화하여 운영 비용을 줄일 수 있었다.	□ K 기업은 설비 운영관리 효율화를 위한 디지털 전환 추진으로 전년 대비 총 900억 원의 원가 절감 달성 ○ AI 전력관리 시스템, 부품조립 로봇 도입 등을 통한 에너지 사용 최적화 및 생산 공정 자동화로 운영비용 절감

■ 서술식과 개조식 비교

셋째, **직관적으로 쓰자.** 보고서를 읽는 것과 이해하는 것이 동시에 진행되도록 해야 한다. 이를 도울 수 있도록 공신력 있는 사례나 통계, 인용 등을 활용하면 된다. 특히, 구체적 수치가 없는 경우 보고서 내용에 의구심을 갖는 상급자가 많다는 점을 알아야 한다. 보고서는 스무고개 게임도, 지식의 과시도 아님을 잊지 말자.

비교 대상 및 수치 제시 예시
□ 디지털 전환을 통해 원가 절감 달성 → 비교 대상과 절감 수치 모두 확인이 어려움
□ 디지털 전환을 통해 전년 대비 원가 절감 10% 달성 → 비교 대상과 절감률만 확인이 가능함
□ 디지털 전환을 통해 전년 대비 원가 절감 10%, 총 900억 원 달성 → 절감액까지 포함해 모두 확인할 수 있음 *절감률과 절감액을 통해 전년도 및 금년도 원가 총액도 추정 가능함

■ 비교 대상과 수치 제시 방법

넷째, **최대한 짧게 쓰자.** 한 문장은 2줄 이내, 불가피할 경우 3줄을 넘기지 않는다. 상급자가 의사결정에 필요한 내용만 본문에 담도록 한다. 그렇다고 지나치게 페이지 수를 줄이는 것에 집착해서도 안 된다. 한때 한 페이지 보고서 작성이 유행했던 적이 있고, 여전히 효과적인 방법이라고 생각한다. 다만, 의사결정 시간을 아끼는 장점과 함께, 내용의 압축을 거듭하다 의도치 않게 의사결정을 바꿀 수 있는 핵심이 빠지거나 흐려질 수 있는 단점도 있음을 알아야 한다.

이런 과정에서 작성자가 원하는 결론을 위해 일부 정보를 제외하는 행위는 절대 금물이다. 한두 번은 통할지 몰라도, 반복되면 신뢰를 회복할 수 없게 된다.

다섯째, **가능한 중복 없고 누락 없이 쓰자.** 맥킨지 앤 컴퍼니(McKinsey & Company)가 제시한 MECE(Mutually Exclusive, Collectively Exhaustive) 방법론으로 보면 된다. 먼저, 확보된 자료에서 도출이 가능한 모든 항목을 리스트로 작성해서 누락을 방지한다. 그다음, 리스트를 범주화하면서 중복 항목을 제거하면 된다.

범주화가 익숙하지 않은 경우가 많은데, 네 개 항목 이하라면 두 개 범주(고양이, 강아지, 난, 선인장을 동물/식물)로, 다섯 개 이상이라면 세 개 이상의 범주(뉴욕, 필라델피아, 시카고, 세인트루이스, 로스앤젤레스, 샌프란시스코를 동부/중서부/서부)로 반드시 묶어 분석하는 습관을 들여야 한다. 새로운 항목이 추가되면 기존 범주에 얽매이지 말고, 더 깔끔한 범주화를 위해 유연하게 조정하도록 한다.

항목 추가	재범주화 예시
고양이, 강아지, 난, 선인장 + α	‣ 생물 기준 → 관리 필요도, 경제적 가치 등
뉴욕, 필라델피아, 시카고, 세인트루이스, 로스앤젤레스, 샌프란시스코 + α	‣ 지역 기준 → 지리적 여건, 인구 규모, 경제·문화 수준, 인종 다양성 등

■ 항목 추가 시 재범주화 방법

3) 형식과 분량을 맞췄다면, 컴퓨터 화면 대신 인쇄물로 정독하며 수정한다

오탈자, 수치, 단위, 시제, 페이지 번호 등을 꼼꼼히 확인하고, 불필요하거나 설명이 부족한 문구는 제거하거나 보완한다. 설명이 어려운 부분은 별표(*)로 세부 설명을 달거나, 첨부 자료를 제공하는 방법도 좋다. 물론 컴퓨터 화면에서 더 잘 보이는 사람도 있으니, 상황에 맞게 판단한다.

여건이 된다면 소리 내어 읽어본다. 말이 자연스럽게 이어지지 않으면 스토리나 단어 선택에 문제가 있는 경우가 많다. 매끄럽게 될 때까지 수정하도록 한다.

4) 시간이 있다면 동료에게 검토를 부탁하고, 의견을 반영해 보완한다

시간이 부족할 경우는 실무적으로 가장 가까운 상급자(차장 또는 과장)에게 보고하여 피드백을 받는다. 보고서 작성 과정에서 수시로 소통하며, 공통된 의견을 반영해 작성하는 것이 중요하다. 이때의 피드백은 간단한 수치나 문구 정도만 수정하는 수준이어야 한다.

5) 보완된 보고서를 관리자급 상급자에게 제출하고, 피드백은 반드시 메모하여 빠뜨리지 않도록 한다

피드백을 반영한 보고서를 꼼꼼히 점검해, 상급자가 지적한 단어, 수치 등이 정확히 수정되었는지 확인한 후 재보고한다. 피드백 사항을 반복적으로 놓칠 경우, 상급자가 무시당한다고 느낄 수 있어 잘못된 보고서보다 더 부정적인 인상을 줄 수 있다. 피드백 표현이 부자연스럽거나 사실과 다를 경우에는 적절히 보완하되, 반드시 보고에 앞서 그 이유를 설명하여 상급자의 오해가 없도록 한다. 재보고는 가능한 신속히 진행한다.

직장 생활에서 보고서 작성은 피할 수 없는 일이다. 피할 수 없다면 즐기라는 말은 개인적으로 공감하지 않는다. 세상에 즐길 거리가 없어서 고생을 즐기겠는가. 우리는 그저 인내심으로 버티는 것이다. 모건 하우절(Morgan Housel)은 《불변의 법칙》에서 "고통을 피해갈 쉬운 해결책이나 지름길을 찾기보다는 필요한 때에 고통을 참아내는 능력"이 인생에서 꼭 필요한 능력 중 하나라고 말한다.

보고서 역량을 키운다고 해서 작성이 갑자기 편해지지는 않는다. 고민은 그대로이고, 작성 과정도 크게 줄지 않는다. 그렇다면 왜 보고서 작성 역량을 키워야 할까? 답은 간단하다. 어차피 해야 하는 고생이라면, 결과물이라도 좋아야 인내할 맛이 나기 때문이다.

캘리포니아주(State of California)의 샌디에이고(San Diego)는 쾌적한 기후, 아름다운 자연환경, 잘 정비된 인프라 덕분에 미국에서 살기 좋은 도시로 꼽힌다. 직접 방문해 보니 모든 면에서 공감이 되었고, 멕시코와 인접한 지역답게 음식 또한 이색적이었다.

바닷가 도시인 만큼 수상 활동도 다양한데 자동차 운전면허가 있으면 소형 보트를 운전할 수 있도록 해주었다. 큰 용기를 내어 가족과 함께 보트를 빌렸다. 안전이 걱정되어 천천히 앞으로 나아갔는데, 작은 파도에도 보트가 출렁거리고 물이 튀면서 모두가 힘들어했다. 결국 이십 분 남짓 만에 선착장으로 돌아와 가족들을 내려주었다.

대여 시간이 삼십 분 넘게 남아 있어 아까운 마음에 필자와 지인 한 명만 다시 바다로 나갔다. 이왕 이렇게 된 거 한 번 달려나 보고 내리자는 심정으로 속도를 올렸는데, 천천히 갈 때는 그렇게 흔들리고 물이 튀더니 이제는 물 위를 나는 듯이 달리며 엄청난 속도감과 함께 보트가 더 안정적으로 느껴졌다. 그렇게 짜릿한 경험을 마친 후 보트에서 내리며 가족과 함께하지 못한 아쉬움을 느꼈다.

조심조심할 때는 오히려 보트가 불안정했던 반면, 파도를 갈랐을 때는 보트의 진정한 매력을 느낄 수 있었다. 보고서 작성도 마찬가지다. **사전 준비가 끝났다면 자신 있게 써야 주변의 분위기에 출렁이지 않고, 빠르고 안정적으로 완성할 수 있다.**

보트를 타고 바라본 샌디에이고(왼쪽)와 레스토랑에서 바라본 샌디에이고(오른쪽)

3장

그때는 옳았고, 지금은 아닐 수 있다

누군가는 아직 거기에 서 있을 수 있기에 건네는 이야기

하루를 이틀같이 썼던 새벽 사용법
_보고서와 나만의 시간

몰라서 좋은 때도 있다

이제는 오래된 이야기지만, 필자도 신입사원이었던 시절이 있었다. 처음 발령을 받고 부푼 마음으로 지방에 있는 작은 부서에 출근했을 때, 다들 따뜻하게 맞아주셨다. 함께 근무하는 분들이 연세가 있어 업무가 자연스럽게 나에게 집중되었고, 때로는 힘들고 다소 짜증 나는 순간들도 있었다. 그렇지만, 다들 친절하게 대해주셨기에 젊은 내가 열심히 해야겠다고 마음을 다잡고 일할 수 있었다. 대부분 업무가 정형화되어 있었기에 시간이 지나면서 점점 익숙해졌고, 관련된 보고서도 곧잘 쓰게 되었다고 스스로 자부하게 되었다.

냉철한 평가가 성장의 기회다

입사 후 2년이 흘렀고, 본사 부서에서 새로운 차장님이 오셨다. 본사로 전보 가고 싶은 마음에 잘 보이고 싶었고, 일도 많이 배우고 싶었다. 차장님은 말수는 적었지만 친절했고, 나를 믿어주시고 격려해 주셨기에 더 힘낼 수 있었다.

그러는 사이, 어느덧 부서 성과 보고서를 제출해야 할 시기가 찾아왔다. 며칠을 고심 끝에 완성한 보고서를 차장님께 드렸는데, 돌아온 건 침묵뿐이었다. 혹시 내가 뭔가 잘못했나 싶어 순간 당황스러웠다. 그러나, 잠시 후 보고서를 사내 메일로 보내달라는 지시가 있었고, 지시에 따라 메일을 보낸 뒤 외근을 위해 사무실을 나섰다. 그때 등 뒤로 차장님의 나지막한 혼잣말이 들렸다. "보고서에 너무 성의가 없네." 겉으로는 못 들은 척했지만, 마음속으로는 크게 상심했다. 단 한 번도 무성의하게 일하지 않았다고 속으로는 외쳤지만, 결국 말을 삼킨 채로 집에 돌아와 밤새 잠을 이루지 못했다.

절실함이 없으면 기회를 놓친다

다음 날, 차장님께서 보내신 답장 메일을 열어본 순간, 나는 말문이 막혔다. 보고서는 놀라울 만큼 간결하고 명료해져 있었으며, 핵심은 더욱 힘 있게 다듬어져 있었다. 불필요했던 이미지와 도표는 사라지고 꼭 필요한 것들만 남아 있었다. 부끄러움과 억울함이 동시에 밀려왔다. '이렇게 써야 한다고 피드백을 해주셨다면, 나도 충분히 해낼 수 있었을 텐데' 하는 아쉬움도 남았다.

며칠 후, 차장님과 단둘이 저녁을 먹게 되었다. 기회다 싶어, 보고서가 부족했음을 솔직하게 털어놓고, 가르쳐 주신다면 누구보다 열심히 배우겠다고 용기를 내어 말씀드렸다. 차장님은 웃으며 대답하셨다. "고생 많았어. 혹시 속상했던 일 있으면 다 잊어버리고, 보고서는 본사 가서 배우면 돼." 차장님은 내가 혼잣말을 들었다는 사실은 아마 모르셨겠지만, 나름 스트레스를 받고 있다고 느끼시고 다독여 주신 듯했다. 그렇게 따뜻한 분위기 속에서 식사 자리는 마무리되었다.

기회를 놓치면 더 큰 시련을 마주한다

차장님의 도움으로 본사 발령을 받은 뒤에야 비로소 알게 되었다. 보고서는 본사에서 배우는 것이 아니라 어디서든 스스로 찾아 배워야 하며, 누군가가 가르쳐주기를 기다려서는 안 되는 일이었다.

처음 지시받아 작성한 보고서를 부장님께 보고드렸을 때 길게 한숨을 내쉬던 모습을 보며 뭔가 잘못되었다는 걸 깨달았다. 혼잣말 사건 이후 보고서 역량을 갈고닦았어야 했지만, 본사에서 배우면 된다는 위로의 말에 스스로 안주한 것이 결국 커다란 시련을 불러왔다. 그때 최선을 다하지 않았던 자신이 참 한심하고 원망스러웠다. 또한 보고서 작성으로 힘들 때마다, 차장님께 더 적극적으로

MZ세대는 왜 보고서 앞에서 멈췄을까

배웠더라면 이 정도까지 어려움을 겪지 않았을 텐데 하는 아쉬움이 밀려왔다.

돌이켜보면, 차장님은 본사에서 고생 끝에 승진하신 뒤에도 부족한 직원 때문에 쉬지 못하고 묵묵히 보고서를 작성하셔야 했다. 그런 모습을 매일 지켜보면서도 배움의 기회를 놓친 것은 오로지 나의 잘못이었다. 이후 회사 생활을 하며 차장님께 많은 도움을 받았기에, 지금도 그분께는 큰 감사의 마음을 가지고 있다.

완벽한 집중이 가로막고 있던 벽을 허문다

보고서와의 전쟁으로 스트레스를 받던 시기, 가장 힘들었던 것은 가족과 함께하는 시간도 챙겨야 한다는 것이었다. 아무리 노력해도 업무 시간 내에 일이 끝나지 않았고, 야근하거나 주말에 출근하면 집에서 눈치가 보였다. 한창 자라는 아이들에게는 특히 미안한 마음이 컸다. 이 상황을 어떻게 해결해야 할지 고민이 깊어질수록, 밤잠도 설치기 일쑤였다.

어느 토요일 새벽 세 시, 마무리하지 못한 보고서가 머릿속을 맴돌아 결국 사무실로 향했다. 솔직히 말해, 내가 이러는 게 정상인가 싶기도 했다. 아무도 없는 커다란 건물, 불 켠 사무실에 나 혼자 앉아 있으니 괜히 등골이 오싹했다. 누군가 야근 중 쓰러졌다는 이야기가 머릿속을 스쳤다. 그런데 이상하게도, 고요한 사무실 속에서 자판을 두드리는 소리가 마치 리듬을 타듯 들려왔다. 그 순간, 나는 보고서에 완벽하게 빠져들 수 있었다. 일주일 내내 붙잡고 고민하던 보고서가 단 몇 시간 만에 그럴듯하게 완성되었다. 몇 차례 다듬고 시계를 보니 오전 열 시, 집에 도착하니 아이들이 막 일어나 있었다. 그날 오후, 오랜만에 마음이 한결 가벼워진 채 아이들과 시간을 보낼 수 있었다.

몸이 힘들고 마음이 편한 게 낫다

월요일 아침, 부장님께 보고서를 보여드리자 놀란 표정이었다. 그 시절 바쁜 부서에서는 일요일 오후쯤 상급자의 눈치를 보며 출근하는 것이 관행이었다. 분명 나는 일요일에 나오지 않았는데, 보고서가 어떻게 완성됐는지 의아해하는 눈빛이었다. 그 후로 나는 주말 새벽, 아무도 없는 사무실에 나가 보고서를 작성했다. 보통 오전 세 시에서 네 시 사이에 출근해서 열한 시 전에는 집에 돌아왔고, 가끔은 상급자에게 보고서를 메일로 보내기도 했다.

어느 날, 친하게 지내는 과장님께서 지난 주말에도 새벽에 나와 보고서를 썼냐고 물으시며, 일도 하고 아이들까지 챙기면서 체력까지 좋아 부럽다고 하셨다. 몸은 몹시 피곤했지만, 마음만은 편했다. 무언가 돌파구를 찾은 듯한 기분이었다.

업무 시간에 보고서를 쓰는 건 방해가 너무 많았다. 전화가 울리고, 다른 부서에서 협의 요청이 오고, 상급자가 부르고, 주변 소음도 적지 않았다. 그에 비해 새벽 사무실은 고요했고, 집중력은 극

MZ세대는 왜 보고서 앞에서 멈췄을까

대화되었다. 스스로 오류를 찾아 빠르게 보완할 수 있었고, 결과적으로 보고서 역량도 눈에 띄게 성장했다. 어느 순간, 나는 보고서를 능숙하게 작성하는 직원으로 인정을 받기 시작했다. 적극적으로 일하면서 가족까지 챙기는 직원이라는 평가도 뒤따랐다. 다행히 일정 수준의 보고서 작성 능력이 쌓이고 나서는, 이러한 새벽 출근이 더 이상 필요하지 않게 되었다.

워라밸 시대에 새벽을 이용한 보고서 작성은 구시대의 유물이며 바람직하지 않은 방법임이 분명하다. 필자는 결코 주말 새벽에 나와서 일하라고 말하는 것이 아니다. 전하고 싶은 메시지는 **모든 방해를 차단하고 오직 보고서와 나만의 시간을 가져보라는 것이다.** 어느 순간 보고서가 그렇게 부담스러운 존재만은 아니고, 나도 보고서 작성의 고수가 될 수 있다는 자신감이 생길 것이다.

필자가 보고서 작성 실력을 중간 그룹으로 끌어올릴 수 있었던 배경에는 '하루를 이틀 같이 썼던 새벽 사용법'이 있었다. 미국 콜로라도주의 덴버에서 유학 중이던 시절, 이 방법은 학업뿐만 아니라 생활 전반에도 큰 도움이 되었다. 특히, 방학 중 떠났던 로드트립에서 그 진가를 제대로 발휘했다.

보통 새벽 세 시, 때로는 자정 무렵에 출발하여 당일 열두 시간 이상을 운전했다. 미국 중부는 땅이 워낙 넓어, 끝없이 펼쳐진 옥수수밭과 평야를 수백 킬로미터 지나야 비로소 볼거리가 나타났다. 아이들은 차 뒤에서 곤히 자고, 필자가 긴 거리를 달려야 진짜 여행이 시작되는 순간이 왔다. 졸리고 힘들기도 했지만, 아이들이 편안히 자는 모습을 보면 오히려 마음이 놓였다. 솔직히, 아이들은 몇 시간 이동만으로도 힘들어하기 때문에, 낮에 출발하면 차 안에서 그 투정을 견뎌내야 한다는 점 역시 만만치 않은 이유이기도 했다. 돌이켜 보면, 수많은 장거리 여행을 성공적으로 이끌어 준 일등 공신은 바로 새벽 운전이었다.

덴버에서 새벽에 출발해 1,200km를 달려
오후에 도착한 미주리 대학교(University of Missouri, 왼쪽)와
동틀 무렵의 세인트루이스 게이트웨이 아치(The Gateway Arch, 오른쪽)

MZ세대는 왜 보고서 앞에서 멈췄을까

상상과 지움의 반복
_머릿속 보고서

시간은 언제나 부족하다

신입 시절이 지나, 본격적으로 보고서의 늪에 빠졌을 때 가장 어려웠던 것은 단연 시간 관리였다. 컴퓨터 앞에 앉아 글을 쓰다 문득 시계를 보면 벌써 열한 시, 점심시간이 얼마 남지 않았는데 진도는 반 페이지도 채 못 나간 경우가 허다했다. 다음 날까지 초안을 작성해 상급자에게 보고해야 하는데, 글은 안 써지고 주변에서는 업무 요청이 쉴 새 없이 밀려왔다. 이럴 땐 정말 스트레스가 이만저만이 아니었다.

상황을 더 힘들게 만든 건 아이의 어린이집 등하교였다. 너무 일찍 데려다주면 친구들 없이 혼자 있는 시간이 길어져 아이가 싫어했다. 그래서 친구들이 도착하는 시간에 맞춰 보내고는, 사무실로 뛰어가 하루를 시작해야 했다. 허둥지둥 커피 한 잔을 들고 컴퓨터를 켠 후, 그제야 첫 줄을 쓰기 시작했다. 몇 글자 쓰고 나면 어느새 또 시간이 훌쩍 흘러 있었다. 보고서를 능숙하게 쓰는 선배들은 정규 근무 시간만으로도 충분히 만족스러운 결과물을 만들어 냈다. 하지만, 당시 필자의 실력으로는 도저히 감당할 수 없는 일이었다.

조급함이 부족한 시간을 갉아먹는다

시간이 없다는 생각에 보고서 작성을 항상 서둘렀다. 깊게 고민하지 못한 채 페이지를 채우다가, 흠칫 놀라 읽어보고 아니다 싶어서 지우고 다시 쓰기의 반복이었다. 아이가 어린이집에 언제까지 있을 수만은 없기에 보고서 마무리를 못 한 채 어린이집으로 가면 친구들은 모두 하원하고 홀로 남아 기다리던 날이 많았다. 아이에게 미안함을 느끼며 집에 데려다주고, 다시 회사로 돌아와 보고서를 작성하는 날이 이어지니 답답한 심정이었다. 앞서 새벽 사용법을 얘기했지만, 주중에 긴급하게 진행되는 보고서에 대해서는 속수무책이었다.

아마 많은 직장인이 컴퓨터 앞에서 몇 시간을 앉아 있다가, 문득 정신을 차려보면 몇 줄도 쓰지 못하고 제자리걸음을 하고 있다는 사실에 한숨을 내쉰 적이 있을 것이다.

틀을 깰 때, 시간은 내 편이 된다

유난히 아이가 보채서 어린이집 등원이 늦어진 날이 있었다. 하필이면 그날 아침, 긴급한 보고서 작성 지시가 떨어졌다. 마음 같아선 새벽부터 회사에 나가 초안을 쓰고 싶었지만, 현실은 아이를 최대한 늦게 어린이집에 맡겨야 했다.

마음은 조급하고 어떻게 해야 할지 몰라 걱정하며 회사로 향하던 중, 문득 보고서를 머릿속에서 떠올리기 시작했다. 검토 배경부터 대내외 분석, 결론 및 향후 계획까지의 내용이 머릿속에 그려졌다. 막히면 다시 원점으로 돌아가 구조를 조정하고, 논리를 점검하는 과정이 머릿속에서 끊임없이 이어졌다. 회사 정문에 도착할 즈음, 내용이 정제되지는 못했지만, 보고서 전체 스토리의 윤곽이 잡혀 있었다. 사무실에 들어서자마자 컴퓨터를 켜고 보고서를 작성하기 시작했고, 놀랍게도 전혀 막히지 않았다. 한 시간 내에 초안을 완성한 뒤, 두 시간 정도 만에 몇 차례 사소한 수정을 거쳐 상급자에게 보고까지 마쳤다.

짧은 머릿속 시간이 긴 컴퓨터 시간을 구한다

우리는 보통 컴퓨터 앞에 앉아 키보드를 두드리며 고민을 시작한다. 구상을 끝내고 나면 이를 옮겨 적고, 어느 정도 작업이 되면 읽어본다. 마음에 들지 않으면 아까운 내용을 지우고, 다시 처음부터 써야 하는 일이 반복된다. 이런 과정에서 시간은 조용히, 그리고 빠르게 흐른다.

하지만 머릿속에서 쓰는 보고서는 다르다. 순식간에 상상하고, 마음에 들지 않으면 아무런 미련 없이 지울 수 있다. 마치 백사장 위에 쓴 글 위로 파도가 지나가듯, 자연스럽게 사라지고 다시 쓸 수 있다. 앞선 경험 이후, 필자는 잠깐의 여유 시간에도 머릿속에서 보고서를 미리 써보고 다듬는 습관을 들였다. 이러한 과정이 끝난 후에야 비로소 컴퓨터를 켰다. 그 결과는 분명했다. 작성 시간은 짧아졌고, 내용의 구성과 체계는 더 단단해졌다.

의도가 좋다고 해서 모두에게 바람직한 건 아니다

이 방법이 개인적으로 큰 도움이 되었지만, 아쉬운 기억도 남았다. 2014년쯤, 보고서 작성에 관한 강의를 종종 하게 되었다. 대가를 바라고 한 것은 아니었다. 후배들과 작은 노하우라도 나누고 싶어 소중한 개인 시간을 투자하는 결심이었다.

그러던 어느 날, 강의를 마치고 조용히 후배들을 따라가는데, 앞에서 들려오는 목소리가 있었다. 필자가 뒤에 있는 줄 몰랐던 듯했다. "본인이 보고서를 좀 쓴다고 너무 잘난 척하는 거 아니야? 출근하기 전에도 보고서를 생각하라니, 어이가 없네!"

아차 싶었고, 사실 틀린 말도 아니었다. 다만, 필자는 상황을 잘 살피며 미리 생각해 두면 컴퓨터 앞에서 허비하는 시간을 줄일 수 있다는 점을 알려주고 싶었을 뿐이었다. 그 이후로는 보고서 작성 강의를 중단했다. 종종 요청이 있었지만, 바쁘다는 핑계로 완곡히 거절했다. 솔직히, 비난을 받으면서까지 내 노하우를 가깝지 않은 이들에게 공유할 필요가 있을까 하는 마음이었다.

이후 십여 년이 흐르면서 생각이 많이 바뀌었다. 그래도 간절한 누군가에게 내 노하우가 도움이 되기를 바라는 마음에서였다. 개인적으로는 여전히 머릿속 보고서 작성법이 큰 힘이 되지만, 업무 시간 외에 회사 일을 생각하는 것을 받아들이기 어려운 요즘 세대에는 맞지 않는 방법임도 분명하다. 운전하거나 걷는 등 다른 일을 하며 보고서를 머릿속으로 써본다는 것이 쉽지 않고, 때로는 위험할 수도 있다. 그럼에도, **늘 시간이 부족해 보고서 작성에 부담을 느끼거나, 컴퓨터 앞에서 진도가 나가지 않는 직장인이라면 조심스레 시도해 보는 것도 나쁘지 않을 것이다.**

아이러니하게도, 회사 밖에서 업무 생각을 피하고 싶어 하면서, 정작 업무 걱정으로 주말을 스트레스로 보내는 사람들이 의외로 많다.

미국 플로리다주(State of Florida) 키웨스트(Key West)[2]에서 돌아오는 길에 펜서콜라(Pensacola)라는 도시를 지나게 되었다. 한국에서

---

2 《노인과 바다》, 《킬리만자로의 눈》으로 유명한 소설가이자 언론인인 어니스트 헤밍웨이(Ernest Miller Hemingway)가 사랑했던 곳이며, 쿠바와도 가깝다.

는 그다지 알려지지 않았지만, 정말 끝없이 이어지는 멋진 백사장이 있는 곳이었다. 아이들이 백사장에 글자를 쓰고 파도가 지우는 것을 바라보며, 머릿속에서 보고서를 쓰고 지우기를 반복하던 순간이 문득 떠올랐다.

여담으로 한국인이 정이 많다고 하는데, 의외로 미국인들도 정이 많다. 플로리다주의 일몰 명소인 에버글레이즈 국립공원(Everglades National Park)에서 시간이 촉박해 과속하다가 파크 레인저(Park Ranger)에게 걸린 적이 있었다. 그는 한참 조사하던 중 차번호판을 보고는 갑자기 콜로라도주에서 본인 차로 여기까지 왔는지를 질문했다. 애절한 눈빛으로 그렇다고 대답하자, 뒷자리에 앉아 있던 아이들을 힐끔 보고는 벌금을 빼주는 것 아닌가. 덤으로 일몰이 가장 멋진 장소로 에스코트까지 해주었다.

그러고 나서 펜서콜라의 호텔에 도착했는데 직원이 멀리 세워둔 차의 번호판을 보더니 콜로라도주부터 운전하고 왔냐며 말을 걸었다. 그렇다고 했더니 혹시 비행기 공포증이 있냐고 농담을 던지면서 호텔 방을 무료로 업그레이드해 주어 오랜만에 넓은 방에서 편하게 머물 수 있었다.

센스 있고, 정 많은 파크 레인저와 호텔 직원이 다소 지쳐 있던 우리 가족에게 활력과 특별한 추억을 만들어 주었다. 의도하지 않은 일이 때로는 뜻밖의 행운을 가져다준다.

에버글레이즈 국립공원 일몰(왼쪽)과 펜서콜라의 눈부신 백사장(오른쪽)

MZ세대는 왜 보고서 앞에서 멈췄을까

마음 편한 거북이
_하루에 한 페이지

주어지는 기간에는 그만한 이유가 있다

보고서마다 작성 기간은 제각각이다. 어떤 보고서는 한두 페이지로 짧게 구성되지만, 기간이 하루 이틀에 불과하다. 어떤 보고서는 수십 페이지로 양은 많지만, 한두 달의 기간을 준다. 보통은 시간의 여유가 있어 보이는 상황을 선호할 것이다. 필자도 처음에는 작성 기간이 긴 보고서가 초치기하듯이 촉박한 보고서보다 좋았다. 하지만, 보고서 경험이 쌓이면서 조직은 충분한 기간을 주지 않는다는 것을 깨달았다.

기간이 짧고 긴 데에는 다 그만한 이유가 있다. 분량도 그렇거니와 난이도가 달라진다. 기간이 긴 보고서는 오히려 관리도 어렵다. 초반에는 여유 있게 준비할 수 있지만, 그 기간에 다른 업무들이 쌓이고 긴급한 일에 시간을 먼저 쓰게 된다. 저 보고서는 아직 시간이 충분하니 나중에 하면 될 거라는 안일한 생각에 손을 놓고 있다가, 어느새 기한이 다가와 마음만 급해진다. 다음에는 그러지 않겠다고 다짐하지만, 비슷한 상황이 반복되는 경우가 많다.

후반의 급박함은 오로지 본인 몫이다

대리 시절, 경영실적 평가 보고서 업무를 처음 맡았다. 분량은 약 삼십 페이지로 많았지만, 작성 기간 또한 몇 개월이 주어졌다. 시간이 충분해 보였고, 상급자도 열심히 쓰라고 격려만 하셨기에 다른 급한 일을 처리하면서 여유가 생길 때마다 조금씩 작성했다.

그렇게 시간이 흐르고, 제출이 한 달도 안 남은 상황에서 초안을 작성하여 보고했는데 180도 달라진 상급자의 반응에 당황했다. 그동안은 크게 신경 쓰지 않던 분이 경영진이 직접 점검하는 시기가 다가오자 매일 보고서를 꼼꼼히 검토하며 페이지마다 수많은 피드백을 쏟아냈다. 몇 개월로 길어 보였던 작성 기간은 순식간에 사라졌고, 한 달 안에 방대한 분량을 완성해야 하는 압박감에 휩싸였다.

이후 몇 년간 경영실적 평가 보고서를 계속 작성하며 비슷한 경험이 반복됐다. 결국 변화가 필요하다는 사실을 뼈저리게 깨닫게 되었다.

MZ세대는 왜 보고서 앞에서 멈췄을까

천천히 꾸준히 가야 더 빨리 도착한다

초안을 아무리 빨리 써도 상급자가 관심을 가지고 피드백하지 않으면 소용이 없었다. 그렇다고 손을 놓을 수도 없어서 고민하던 중 '하루에 한 페이지 작성하기'를 시도했다. 무조건 하루에 한 페이지만 썼다. 다음 날은 전날 쓴 내용을 꼼꼼히 읽고 보완한 뒤, 다시 한 페이지를 작성했다. 그다음 날도 마찬가지로 이전 내용을 반복해서 읽고 수정한 후 한 페이지를 완성했다. 잘 써지는 날에도 절대 한 페이지 이상 쓰지 않았다. 분량을 초과하면 욕심이 생겨 다음 날 부담이 커지고, 결국 안 써지는 날이 오면 스트레스는 배가 되기 때문이었다. 즉, 거북이처럼 천천히 꾸준히 나아가고자 했다.

말은 쉽지만, 실천은 어려웠다. 특히, 매일 이전에 쓴 보고서를 반복해서 읽는 일은 고역이었다. 그러나, 초안이 완성됐을 때는 이전과 비교할 수 없을 만큼 완성도가 올랐고, 상급자의 피드백도 눈에 띄게 줄었다. 이 방법으로 십 년 넘게 경영실적 평가 보고서를 작성하며 좋은 평가를 받을 수 있었다.

실천의 힘은 어디서든 통한다

미국 유학 시절, 논문 작성이 막막하기만 했다. 그때 보고서 쓰던 경험이 떠올랐고, '마음 편한 거북이'가 되자고 다짐했다. 사실 거북이가 정말 마음이 편한지는 알 수 없었지만, 그렇게 믿고 싶었다.

수업 보고서 과제는 미리미리 하루 한 페이지씩 작성했다. 지도교수님과 논문 주제를 정한 뒤에도 조급해하지 않고 같은 방법으로 꾸준히 써나갔다. 가족과 보내는 시간을 제외하면, 여름이든 겨울이든, 주중이든 주말이든 도서관에서 하루 한 페이지만 채우려 노력했다.

처음에는 유학 기간 내에 논문을 끝낼 수 있을지 걱정이 컸지만, 결국 그 안에 행정학 분야(Public Affairs)에서 박사(Ph.D.) 학위를 받았다. 여러 요인이 있겠지만, 그 과정에서 나에게 하루 한 페이지 전략은 정말 신의 한 수였다.

지금 같은 스피드 시대, 인공지능 시대에는 맞지 않을 수도 있다. 그럼에도, **오랫동안 어려운 과정을 거쳐야 하는 보고서를 작성할 때는 여유 부리지 않고 욕심내지 않고 거북이같이 가보라고 조언하고 싶다.** 그 과정은 순간순간 괴로울 수 있지만, 끝까지 흔들림 없이 견디면 반드시 값진 결실이 찾아올 것이라 믿는다.

MZ세대는 왜 보고서 앞에서 멈췄을까

　미국에서 꼭 방문해야 할 명소를 추천해 달라는 질문을 종종 받았다. 처음에는 뉴욕, 로스앤젤레스, 라스베이거스 등 화려한 도시를 제안했다. 하지만, 미국 곳곳을 여행하고, 그랜드 캐니언 국립공원(Grand Canyon National Park)을 여러 차례 방문하면서 생각이 바뀌었다. 수억 년에 걸쳐 천천히 빚어진 그랜드 캐니언을 그 무엇이 이길 수 있을까? 장엄함, 압도적 풍경 그 자체였다.

수억 년 시간을 품은 그랜드 캐니언 국립공원

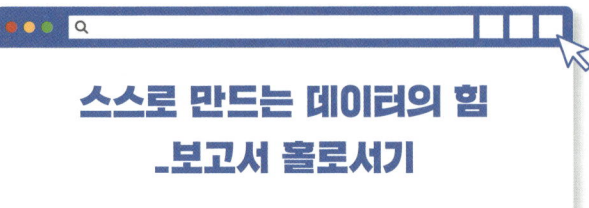

스스로 만드는 데이터의 힘
_보고서 홀로서기

백지장도 맞들기 쉽지 않다

보고서를 작성하다 보면 처음부터 끝까지 혼자서 완성할 때도 있고, 누군가의 협조가 필요할 때도 있다. 혼자 할 경우, 모든 과정을 책임져야 한다는 부담감이 있지만, 다른 사람에게 도움을 청하지 않아도 된다는 장점이 있다. 반면, 협조받는 경우 자신의 약한 부분을 보완할 수 있지만, 상대방이 비협조적이거나 지원이 늦어지면 혼자서 작성할 때보다 오히려 더 어려워질 수 있다.

부탁은 하는 사람도, 받는 사람도 어렵다

현장에서 본사로 왔을 때, 처음 맡은 업무는 급여였다. 필자 역시 기획, 전략, 인사 쪽 업무에 대한 욕심이 있었지만, 조직은 사람을 정확히 판단해 해당 업무를 수행할 역량이 있다고 여길 때 부른다. 물론 때로는 숨겨진 네트워크가 힘을 발휘하는 경우가 있다. 지금 돌이켜보면, 현장에서 성실함을 유일한 장점으로 내세웠던 필자를 본사의 주요 부서로 불러준 것은 행운이자 감사한 일이었다.

급여 업무를 맡았던 것은 직장 생활에 큰 도움이 되었는데, 바로 데이터의 힘을 알게 되었기 때문이다. 당시 급여 업무는 전사적 자원관리, ERP(Enterprise Resource Planning)[3]가 도입되기 전이라, 자체 프로그램을 기반으로 수기로 조정을 자주 해야 하는 시절이었다. 그 때문에 무언가를 보고할 때마다 데이터를 담당하는 직원에게 부탁해야 했다. 그분이 잘 지원해 주셨음에도 매번 부탁을 드리는 일이 마음 편하지 않았다. 특히, 긴급한 보고가 있을 때 데이터 담당자가 바빠 협조가 늦어지면 속이 타는 마음을 감출 수 없었다. 서로 힘든 상황이었지만, 이를 해결할 뚜렷한 대안은 찾지 못했다.

스스로 데이터를 만들 때 비로소 홀로 설 수 있다

급여 업무를 맡게 되었다는 소식을 들은 지인이 기초 수준이지만 두툼한 엑셀 책을 선물해 주었다. 처음에는 바쁘다는 핑계로 책을 덮어두었는데, 데이터 처리에 답답함이 쌓이면서 결국 공부를 시작했다. 시행착오도 많았지만, 몇 달 후에는 엑셀만으로 전 직원의

---

3   조직이 회계, 조달, 위험 관리 등 일상적인 비즈니스 활동을 관리하는 통합 소프트웨어

급여를 계산할 수 있게 되었다. 당시 직원 수는 4,500여 명이었다. 시스템 오류가 잦은 상황에서, 산정한 수치를 엑셀 계산 결과로 검증하면서 이를 크게 줄일 수 있었다.

기초 데이터를 바탕으로 엑셀에서 다양한 시뮬레이션을 직접 수행할 수 있게 되어, 더 이상 데이터 담당자에게 부탁할 필요가 없어졌다. 임금을 인상할 때 필요한 재원은 어느 정도인지, 수당 체계를 바꾸면 재원에 어떤 변화가 생기는지, 직급 간 급여 인상이 균형적인지, 승진 시 적정한 임금 인상이 이루어지는지 등 여러 상황을 클릭 한 번으로 계산할 수 있도록 수식을 만들었다. 덕분에 상급자가 요구하는 내용을 신속하게 반영해 보고서를 작성할 수 있었다. 그 결과 마음은 한결 편해졌고, 보고서 작성 속도는 더 빨라졌으며 내용까지 좋아졌다. 보고서 작업에서 홀로서기를 하려면 데이터를 스스로 만들어 낼 수 있는 역량이 필수임을 깨달았다.

최악의 상황에서 돌파구는 결국 자신이어야 한다

이후 예산 업무를 맡으면서도 나는 데이터의 힘을 굳게 믿었다. 필요한 데이터는 기초 수치 확보부터 분석까지 반드시 스스로 수행했다. 데이터는 보고서의 주장을 구체화하고 신뢰를 쌓는 핵심 요소이기 때문이었다. 물론 데이터를 정확하게 다루고 분석하는 역량이 뒷받침되어야 했다.

수치 정보뿐 아니라, 보고서에 필요한 다양한 정보를 스스로 확

MZ세대는 왜 보고서 앞에서 멈췄을까

보할 수 있는지 아니면 누군가에게 의존해야 하는지는 보고서 작성의 질과 속도에 큰 영향을 미친다. 현대 사회에서는 협력이 필수적이며, 모든 일을 혼자 처리하는 것은 비효율적이다. 그러나, 스스로 할 수 있으면서 협력하는 상황과 그렇지 못하면서 협력하는 상황은 전혀 다르다. 협력이 언제나 매끄럽게 이루어지지는 않는 현실 속에서, 최악의 순간에는 홀로 해낼 수 있는 역량이 필요하다. 그중 하나가 바로 데이터를 스스로 힘으로 만들어 내는 능력이다.

이제는 AI를 업무에 활용해 효율을 높이는 사례가 늘고 있으며, 실제 보고서 작성에도 큰 도움이 된다. ChatGPT가 목차를 구성하고 내용을 정리하는 모습을 볼 때마다 감탄하지 않을 수 없다. 단 몇 초 사이에 훌륭한 결과물이 만들어지기 때문이다. 물론 아직은 그 내용만으로 보고서를 완성하기는 어렵지만, 생소한 분야이거나 시간이 부족할 때 큰 도움이 된다. 다만, 우려되는 것도 있다. 소위 '블랙박스'라 불리는, AI 시스템 내에서 어떤 데이터와 근거로 결정을 내리는지 알기 어렵다는 점이다.

이러한 AI 시대에 홀로 데이터를 만드는 것은 시간 낭비일 수도 있다. 하지만, AI가 없는 환경에서 보고서를 작성해야 한다면? AI가 제공한 데이터가 틀렸다면? 의존하면 잠시 편할 수는 있지만, 결국 보고서 홀로서기는 불가능해진다. **최첨단 기술을 효율적으로 활용하되, 스스로 데이터를 확보하고 분석하는 능력을 반드시 갖춰야 한다.**

　미국을 여행할 때 많은 사람이 가고 싶어 하는 곳 중 하나가 라스베이거스(Las Vegas)이다. 라스베이거스의 밤거리는 정말 화려함, 그 자체다. 하지만, 아침에 같은 거리를 걸어보면 얼마나 황량한지 놀라지 않을 수 없다. 사막 한가운데 불모지였던 이 지역에 어떻게 이런 도시가 자리 잡을 수 있었을까?

　그 답은 도시에서 수십 킬로미터 떨어진 후버댐(Hoover Dam)에 있다. 영화 〈트랜스포머〉에도 등장했던 후버댐은 웅장한 곡선미로 보는 이들의 감탄을 자아낸다. 보고서 홀로서기를 위해 필요한 것이 '데이터'라면, 새로운 도시가 탄생하는 데 필요한 것은 '물과 전기'다. 무엇이든 홀로서기는 쉽지 않지만, 홀로 섰을 때 비로소 멋진 결실이 맺힌다.

웅장한 자태를 자랑하는 후버댐 위에서 바라본 전경

MZ세대는 왜 보고서 앞에서 멈췄을까

예측 불가능성이 끝내기 집착을 부른다

보고서의 마감 기한은 이상하게 마음에 안 든다. 아침에 커피 한 잔 마시다가 상급자에게 급하게 불려 가 퇴근 전까지 마무리하라는 지시를 받는다. 저녁에 친구들과 약속이 있는데 모레까지였던 제출일이 내일로 당겨진다. 주말에 가족과 여행을 계획했는데, 금요일 오후에 지시받고 월요일 아침까지 끝내야 하는 때도 있다. 일부러라면 갑질로 여겨질 일이지만, 회사에서는 예측할 수 없는 상황이 늘 발생하기에 어쩔 수 없다는 식으로 정당화된다. 갑자기 나타나는 보고서도 싫지만, 마감 기한은 더 얄밉다. 회사 생활을 하며 보고서로 여유로웠던 적이 있었던가? 아마 대부분 고개를 저을 것이다. 그래서 우리는 결국 '끝내기'에 집착하게 된다.

끝만 보고 달려가다 숲도 나무도 놓친다

인생에서도, 보고서 작성에서도 우리는 종종 "나무만 보지 말고 숲을 보라."라는 말을 듣는다. 작은 것에 현혹되지 말고, 전체를 생각하라는 얘기다. 반대로, "악마는 디테일에 있다(The devil is in the details)."라며 세부 사항을 강조하는 말도 듣는다. 참 좋은 말들인데 현실에서 균형을 잡기가 쉽지 않다.

급한 상황에서도 마음은 차분해야 하건만 빨리 끝내고 싶은 욕심에 타자를 서두르게 되고, 쓰고 있는 내용이 옳다고 자꾸 믿고 싶어진다. 작성이 완료되었을 때 방향이 올바르고 스토리도 단단하다면 다행이지만, 전체적 맥락이 이상하고 뭔가 빠져 있는 때가 많다. 필자 역시 끝낼 생각만 하며 보고서를 쓴 뒤, 이 정도면 되겠다 싶어 상급자에게 보고했다가 날카로운 질문에 흔들려 결국 다시 작성해야 했던 경험들이 있다. 그러면 안 되는데 하면서도, 빨리 끝내고자 하는 미련 때문에 생각과 행동이 급해진다. 그 결과, 전체를 보지 못하고 세세한 부분까지 놓치는 경우가 생긴다.

멀어져 보면 안 보이던 것이 보인다

한 번은 오후까지 마무리해야 하는 급한 보고서를 쓰고 있을 때였다. 그런데 사무용품이 도착했다며 창고로 나르는 일을 도와 달라는 선배의 부탁이 들어왔다. 보고서를 빨리 끝내야 한다는 생각

MZ세대는 왜 보고서 앞에서 멈췄을까

에 거절하고 싶었지만, 괜히 관계가 서먹해질까 두려워 아무 말 없이 따라나섰다. 삼십 분 남짓 일하는 동안 시간만 허비하는 것 같아 속이 탔고, 자리로 돌아오자마자 서둘러 보고서를 이어 썼다. 그런데 다시 읽어보니 내용은 낯설고, 근거는 부족했으며, 논리마저 뒤엉켜 있었다. 누군가 일부러 내용을 바꿔놓은 듯했지만, 분명 필자가 쓴 것이 맞았다.

도대체 어떤 생각으로 저렇게 작성했는지 한숨이 나왔고, 결국 끝내야 한다는 조급함만 있었음을 깨달았다. 그때 보고서는 며칠 묵혔다가 다시 보면 고칠 게 보인다던 선배들의 조언이 떠올랐다. 바쁜 직장 생활 속에서 어떻게 며칠씩 여유를 둘 수 있겠냐며 흘려 들었지만, 그 말은 결코 가볍게 들을 것이 아니었다.

집착을 내려놓으면 냉철함이 돌아온다

그렇다면 어떻게 해야 할까? 지금 쓰고 있는 보고서에서 잠시라도 거리를 두는 것이다. 분초를 다투는 시급한 보고서라면 단 오 분, 오늘 안에 끝내야 하는 보고서라면 삼십 분, 며칠 여유가 있다면 반나절이라도 멀어져 있으면 된다. 그리고 정해둔 시간이 지나 다시 보고서를 읽어보면 신기한 변화가 생긴다. 작성자의 관점이 아니라 독자의 관점에서 글을 보게 되는 것이다. 전체 구조가 타당한지, 논리가 일관되는지, 주장에 근거가 충분한지, 전개가 매끄러운지 등을 훨씬 차분하게 파악할 수 있다.

마감 기한이 가까워 마음이 급한데 어떻게 이런 일이 가능할까도 싶지만, 아마도 빨리 끝내고자 하는 집착을 내려놓는 순간 뇌가 다시 냉철해지고 집중력은 올라가기 때문일 것이다. 이 과정의 가장 큰 장점은 숲도 보고, 나무도 함께 볼 수 있다는 것이다.

교육은 절대 놓쳐서는 안 되는 기회이다

기업마다 차이는 있지만, 재직 기간 중 외부 교육을 지원받을 기회가 종종 생긴다. 국내외 파견 교육일 수도 있고, 업무와 병행하는 단기 과정일 수도 있다. 어떤 형태이든 교육의 기회가 주어진다면 반드시 잡아야 한다. 긴 회사 생활 속에서 지친 몸과 마음을 재충전하고, 개인 역량도 키울 수 있기 때문이다.

흥미로운 것은, 교육을 다녀온다고 해서 보고서를 특별히 더 공부하거나 많이 쓰는 것도 아닌데 보고서 역량이 눈에 띄게 향상된다는 점이다. 과거에 작성했던 보고서를 교육 후 다시 읽어보면 어수룩한 부분이 한두 군데가 아니다. 아마도 시야가 넓어지고 집착이 옅어져 마음에 여유가 생기기 때문일 것이다. 결국 교육은 조직에는 인재 육성의 수단이고, 개인에게는 성장과 재충전의 기회다.

무조건 앞만 보고 빠르게 달리는 것이 최고의 결과를 보장하지 않는다. 빨리 일을 끝내고 정시에 퇴근하는 요즘의 트렌드와는 다를 수 있다. 하지만, **때로는 한 발짝 물러서서 본인이 올바른 방향으**

MZ세대는 왜 보고서 앞에서 멈췄을까

로 가고 있는지, 놓친 것은 없는지 확인하는 과정이 필요하다. 보고서도 마찬가지다. 마감 기한이 가까워도 잠시 거리를 두면, 신기하게도 완성도는 올라간다.

미국의 옐로스톤 국립공원(Yellowstone National Park)은 세계 최초이자 미국 제1호 국립공원이다. 광활한 공원 안에는 다양한 야생 동식물은 물론, 간헐천과 협곡, 폭포 등 독특한 지형이 어우러져 있어 '미국 국립공원의 종합 선물 세트'라 불릴 만하다.

그중에서도 특히 기억에 남는 곳은 그랜드 프리즈매틱 스프링(Grand Prismatic Spring)이다. 가까이에서는 여느 온천과 다르지 않지만, 시간을 들여 멀리 언덕으로 걸어 올라 바라보면 비로소 그 진면목이 드러난다. 하트 모양의 윤곽과 화려하게 번져 나가는 색채가 만들어 내는 장관은 쉽게 잊을 수 없는 풍경이다.

수증기에 휩싸인 그랜드 프리즈매틱 스프링, 가까이서 보고(왼쪽) 멀리서 보고(오른쪽)

혼날 결심
_도전하는 보고서

두려움이 실력을 위축시킨다

보고서를 항상 잘 쓰면 좋겠지만, 현실은 그렇지 않다. 부족한 보고서로 상급자에게 핀잔을 듣거나 동료와 갈등을 겪는 일이 흔하다. 문제는 이런 경험에서 비롯된 두려움이다. 보고서를 잘 쓰는 상급자나 성격이 까다로운 상급자를 만났을 때, 혹시 실수하지는 않을까 하는 두려움이 들면, 이상하게도 보고서 내용까지 위축된다. 이렇게 작성된 보고서는 상대에게 정보를 명확히 전달하지 못하고, 의사결정을 뒷받침할 논리적 설득력도 약해진다. 결국 '본인이 어떻게 하기를 바라느냐'는 상급자의 불같은 피드백을 피하기 어렵고, 그로 인해 보고 시간까지 지연되는 경우도 많다.

그럴 때마다 기가 꺾이고, 자신이 보고서에 재능이 없다는 생각이 굳어지면, 다음 보고서는 더욱 위축될 수밖에 없다. 국면을 전환할 용기를 내지 못하고 포기하거나 피할 궁리만 한다면, 결국 마주하게 되는 것은 더 나쁜 결과뿐이다.

위축을 떨쳐내고 신중하면서도 과감해져야 한다

십수 년 전, 경영진의 지시로 중요한 보고서를 작성했던 기억이 있다. 두 페이지 분량의 보고서였고, 오전에 지시받아 오후에 초안을 완성했다. 경영진에게 직접 보고될 문서이자 외부 활용까지 고려해야 했기에 단어 하나하나에 세심하게 신경을 썼다. 보고서를 상급자에게 전달했을 때, 약간의 수정만 거치면 곧바로 보고될 줄 알았다. 지시한 분은 성격이 급하기로 유명했으며, 보고서를 기다리느라 퇴근도 미루고 있었기 때문이었다.

그런데 상급자의 검토가 예상보다 길어졌다. 한참 뒤, 몇 개 단어를 고쳐 오라는 피드백을 받았고, 수정한 보고서를 드리며 마무리될 걸로 기대했다. 하지만, 사소한 수정이 이어졌고, 결국 새벽 세 시가 되어서야 보고서가 완성됐다. 정작 지시한 분은 이미 퇴근한 상태였다. 다음 날 경영진 보고는 예정대로 진행됐지만, 마감 기한을 놓친 보고서가 좋은 평가를 받을 리 없었다.

상급자의 조심스러웠던 마음은 이해가 됐다. 꼼꼼히 다듬어 꼬투리를 피하고 싶었을 것이다. 하지만, 위축된 태도는 불필요한 반복 수정만 불러왔고, 본질적 내용은 그대로인 채로 보고 시점만 놓치게 했다. 꼬투리를 피하려다 판 전체가 뒤집힌 셈이었다. 이때 필요한 것은 두려움이 만든 위축이 아니라, 내용과 타이밍을 함께 보는 신중함과 과감함이었다.

혼날 결심이 전환의 동력이다

영화 〈헤어질 결심〉을 보며 제목을 참 잘 지었다고 생각했다.

무언가 결심한다는 건 쉬운 일이 아니다. 하지만, '혼날 결심'을 하고 나면 일을 할 때 마음이 한결 편하다. 무엇이든 방어적으로 접근하면 될 일도 되지 않는다. 상급자의 눈치만 보며 자기주장을 접거나, 단어 하나하나에 집착하거나, 핀잔이 두려워 틀에 박힌 보고서를 반복하는 태도로는 좋은 결과를 기대하기 어렵다.

이를 전환할 힘은 혼날 결심에서 나온다. 내용은 신중하게 다듬되, 타이밍은 과감하게 맞추는 보고서를 가능하게 하는 원동력이 바로 그것이다. 필자 역시 직장 생활을 오래 했지만, 지금도 보고서를 쓸 때마다 상급자에게 한 소리 듣겠다는 결심을 한다.

※ '결심'보다는 '각오'라는 표현이 정확할지 모르지만, 혼나는 것조차 내가 선택한다는 의미에서 이 책에서는 '결심'이라 쓰고자 한다.

요즘은 다들 귀한 자식이라 부모에게도 싫은 소리를 들어본 적이 없는 경우가 많다. 그런 사람에게 혼날 결심은 낯설고 어려울 수 있다. 하지만 두려운 상대를 마주하더라도, 보고서에 담고자 한 본질을 신중히 반영하였다면, **사소한 것에 집착하기보다 혼날 결심으로 과감히 보고해 보자.** 그 경험이 결국 성장의 밑거름이 될 것이다.

　예전 미국 유학을 준비하며 정말 많은 학교에 원서를 제출했다. 경쟁이 치열한 만큼 이력서(Resume)와 학업계획서(Statement of Purpose)를 정성껏 작성했고, 영어 등 제반 사항도 꼼꼼히 준비했다. 원서를 접수하려면 일정 금액을 내야 했는데, 지원 학교가 많아 수백만 원은 썼던 것 같다. 그때 하버드 대학교(Harvard University)가 눈에 들어왔다. 세계적인 학교라는 생각에 주눅이 들었고, 지원해 봐야 돈만 낭비하는 셈이라며 웃고 그냥 접었다.

　다행히 미국 유학길에 오르게 되었고, 힘든 첫 학기가 끝난 뒤 방학을 이용해 로드트립을 하던 중 하버드 대학교를 방문하게 되었다. 대학교 앞 레스토랑에서 아침 식사를 하며 아이들에게 대단한 학교라고 한참 이야기하던 중, 갑자기 아들이 필자에게 왜 이 학교에 오지 않았는지 물었다. 순간 말문이 막혔다. 실력상 오기 힘들었던 것도 사실이지만, 정작 도전조차 해보지 않았기 때문이었다. 결국 "아빠는 못 왔지만, 너희들은 열심히 하면 올 수 있을 거야."라며 얼버무렸다. 여행 내내 머릿속에서 단 하나의 후회만이 맴돌았다. 떨어질 결심으로 원서를 냈어야 했다는 것.

왼쪽 발을 만지면 하버드 대학교에 입학할 수 있다는 속설로 유명한 존 하버드 동상(왼쪽)과 법대 건물(오른쪽)

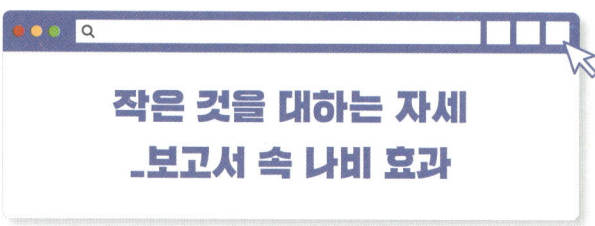

작은 것을 대하는 자세
_보고서 속 나비 효과

사소하게 다뤄도 되는 건 없다

나비 효과(Butterfly effect)란 '나비의 날갯짓처럼 미세한 변화, 작은 차이, 사소한 사건이 추후 예상하지 못한 엄청난 결과나 파장으로 이어지는 현상'을 말한다. 필자가 기억하기로는 1990년대 후반 2000년대 초반까지 여러 매체에서 인용되었고, 2004년에는 〈나비 효과〉라는 영화가 개봉되기도 했다.

보고서 안에는 많은 것들이 담긴다. 작게는 단위부터 시작해서 수치, 단어, 이미지, 그래프, 문장 등 다양하다. 명심해야 할 점은, 사소해 보여 괜찮다고 내버려 둔 것들이, 보고서 전체에 예상치 못한 악영향을 미치고 신뢰성을 떨어뜨릴 수 있다는 것이다. 때로는 기분이 좋지 않은 상급자에게 호되게 혼날 빌미를 제공하기도 한다. 즉, 보고서 안에도 나비 효과가 존재한다.

MZ세대는 왜 보고서 앞에서 멈췄을까

잘못된 관행이 전체를 무너뜨린다

대리 시절에 재무 관련 보고서를 쓸 때였다. 한참 엑셀을 다루는 재미에 빠져 있던 때라 다양한 시나리오를 기반으로 데이터를 분석하고, 한정된 재원 내에서 운용할 수 있는 여러 대안을 마련하여 자신만만하게 보고서를 완료했다. 논리적 전개도 좋고, 데이터도 탄탄해 보여 기분 좋게 보고에 들어갔다.

그런데 예상치 못한 곳에서 문제가 터졌다. 정식으로는 '1,000억 원'이라고 써야 했지만, 보고서 지면이 부족해 '1,000억'이라고 줄여서 표현한 것이 화근이었다. 물론 '원'이라는 단어가 없으니 '1,000억 달러'나 '1,000억 엔'으로 받아들일 여지도 있었다. 하지만, '1,000억'이라고 했을 때 보통은 '1,000억 원'으로 이해했고, 그 전에도 그렇게 했을 때 아무 문제가 없었다. 그런데, 그 사소하다고 여겼던 것으로 인해 기본이 안 된 직원이 되어 보기 좋게 깨졌고, 몇 날 며칠을 고심하며 썼던 보고서는 제대로 평가받지도 못하고 반려됐다.

이후, 보고서를 보완하여 다행히 잘 마무리는 되었다. 과거에는 괜찮았는데 그날따라 상급자가 기분이 좋지 않아 혼났다고 생각할 수도 있었다. 하지만, 단위를 생략한 것은 때에 따라서는 중대한 문제가 될 수도 있다는 점은 분명했고, 안일한 생각 하나가 보고서 전체에 영향을 줄 수 있음을 여실히 깨달았다. 이후로는 절대 단위를 생략하지 않고, 다른 수치의 단위들도 보고 전 반드시 확인하는 습관을 들였다.

어설픈 포장이 전체를 무너뜨린다

경영실적 평가 보고서 작성할 때도 비슷한 경험이 있다. 초안이 완성된 이후, 관련 부서에서 피드백하는 시간이었다. 오랫동안 공들여 써온 만큼 약간의 수정 피드백과 격려의 자리가 될 줄 알았다. 하지만 '합리적'이란 단어 하나가 분위기를 반전시켰다. 도대체 합리적이란 단어를 쓴 근거가 무엇인지 설명하라는 것이었다.

회사에서는 통상 설명해 보라고 하고는 잘 듣지 않는다. 왜냐하면, 이미 혼낼 마음을 먹고 있는데 답변을 듣고 싶겠는가? 단어를 쓸 때는 근거가 명확해야 하고, 누가 봐도 이해될 수 있어야 한다. 그럴듯한 문장을 만들려고 포장하듯 써서는 안 되는 거고, 그렇게 쓰일 수 있는 단어는 없다. 보고서에는 꼭 필요하고, 꼭 써야 하는 단어만 있어야 하는 것이다.

단어 하나로 인해 신랄하게 지적되면서 서운한 감정도 들었지만, 돌아보니 필자 역시 '합리적, 논리적, 객관적'이라는 표현을 너무 쉽게 써왔던 것도 사실이었다. 단어 하나가 보고서 전체를 평가절하시킨 꼴이었지만, 보고서를 돌아보는 계기가 되었다. 그 후 몇 년간은 '합리적'이라는 단어를 보고서에서 사용하지 않았다. 일종의 후유증이었다.

이제는 연차가 되어 직원들의 보고서를 검토해 주다 보면, 작지만 유난히 눈에 띄는 것들이 있다. 직원들과 좋은 관계를 맺고 있는 게 일을 잘하는 것만큼이나 중요한 시대에, 작은 것으로 심각하게 얘기하고 상처를 주면 부작용만 남을 수 있다. 그럴 때마다 직원들에게 오자, 탈자, 단위 생략, 시제 불일치, 부적절한 단어 사용 등을 쉽게 생각하지 말아야 한다고 에둘러서 조언해 주곤 한다. 돌려 말해도 **이러한 것들이 나비 효과처럼 보고서 전체에 큰 파문을 줄 수 있음을 알아주기를 바랄 뿐이다.**

※ 위 사항들은 보고서를 계량적으로 평가할 때 명확한 감점 요인이므로, 습관이 되지 않도록 주의를 기울여야 한다.

미국 사회는 인종 차별에 대해 매우 민감하고, 절대 있어서는 안 된다고 강조한다. 노예제도로 인한 갈등으로 남북전쟁까지 해야 했으니 당연한 일일 것이다. 특히, 흑인의 인권운동에 관한 얘기를 많이 듣는데 이때 빼놓을 수 없는 인물이 마틴 루서 킹 주니어(Martin Luther King Jr.) 목사이다.

1955년 미국 앨라배마주(State of Alabama)의 몽고메리(Montgo-mery)에서 로자 루이스 맥컬리 파크스(Rosa Louise McCauley Parks)라는 흑인 여성이 버스에서 백인에게 자리를 양보하지 않았다는 이유로 체포되어 유죄를 선고받았다. 이에 분노한 흑인 시민들이 저항을 시작했고, 이때 흑인 인권운동의 상징이 마틴 루서 킹 주니어 목사였다. 그의 1963년 〈I Have a Dream〉 연설은 전 세계인이 기억하는 역사적 순간으로 남았다. 버스 자리에서 시작한 작은 저항이 결국 미국의 인종 차별 철폐와 민권법 제정(Civil Rights Act of 1964)까지 이어지게 되었다.

아이들의 교육을 위해 방문한 마틴 루서 킹 주니어 목사 기념관에서, 뜻밖에 도산 안창호 선생님의 발자국 동판을 발견했다. 그 순간 울컥한 감정과 함께 더욱 경건한 마음으로 역사를 돌아보게 되었다.

마틴 루서 킹 주니어 목사가 있었던 에벤에셀 침례교회(위쪽)와
도산 안창호 선생님의 발자국 동판(아래쪽)

MZ세대는 왜 보고서 앞에서 멈췄을까

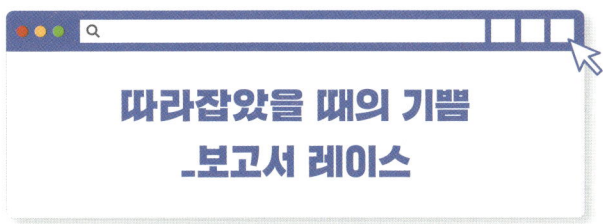

따라잡았을 때의 기쁨
_보고서 레이스

선의의 경쟁은 성장을 위한 발판이다

운동이나 게임을 혼자 하면 페이스 조절이 어렵고 금방 흥미를 잃기 쉽다. 반면, 함께하는 사람이 있으면 무리하지 않으면서도 더 재미있게 참여할 수 있다. 특히 상대가 자신보다 잘할 때, 이기고 싶은 경쟁심이 동력이 되어 최선을 다하게 된다. 마라톤이나 사이클에서도 페이스메이커(pacemaker)를 두어, 다른 선수들이 초반에 무리하지 않고 기록을 향상할 수 있도록 돕는다.

선의의 경쟁자이자 동반자가 있으면 실력은 더 빠르게 성장한다. 물론 경쟁자가 너무 높은 장벽, 소위 '넘사벽'이라면 좌절을 경험할 수도 있지만, 대부분은 경쟁자가 앞서 있을 때 따라잡고자 더 적극적으로 노력하게 된다. 그리고 노력 끝에 경쟁자를 앞섰을 때 느끼는 성취감과 기쁨은 말로 표현할 수 없을 만큼 크다.

긴 레이스의 완주는 방향과 의지에 달려 있다

보고서 작성은 마라톤과 같이 눈에 보이는 경쟁도 아니고, 그 역량을 수치로 환산할 수도 없어 누군가와 비교하기가 쉽지 않다. 하지만, 직장 생활을 해본 사람은 공감할 것이다. 누군가의 보고서를 한 번만 읽어봐도 본인보다 역량이 뛰어난지 아닌지 알 수 있다. 회사 선배보다 잘 쓴다고 생각하면 어깨가 으쓱하기도 하고, 후배가 더 잘 쓴다고 생각될 때는 움츠러들 수도 있다.

어쨌든 직장 내 모든 선배와 동료는 보고서 레이스에 참여한 선수들이다. 그렇다면, 회사를 떠날 때까지 끝나지 않는 수십 년간의 보고서 레이스를 성공적으로 완주하는 방법은 무엇일까? 스피드(성장 속도)가 전부는 아니다. 중간에 길(방향)을 잃어버리지 않고, 지쳐 쓰러지지(포기) 말아야 한다. 그렇기에 본인보다 뛰어난 역량을 가진 선배나 동료를 목표로 삼아 따라가거나, 서로의 페이스메이커가 되어 함께 성장할 파트너를 만드는 것이 중요하다.

도전적인 목표 달성이 더 달콤하다

필자도 과거 '넘사벽'을 만난 경험이 있다. 보고서를 잘 몰랐던 시절, 평판이 좋고 성품도 훌륭하다는 차장님과 함께 일하게 되었다. 소문은 틀리지 않았다. 다만, 그분을 빨간펜 선생님으로 모시고 고전의 나날을 보내게 될 줄은 꿈에도 몰랐다. 그분의 보고서는 깔끔했고, 형식과 내용은 절제미를 갖추었으며, 주장은 담백하게 전개되는 최고 수준이었다. 그런데 기본도 안 된 보고서를 보고 있자니 얼마나 답답하셨을까. 필자가 작성한 보고서는 빨간색 사인펜으로 고쳐졌고, 예리한 질문도 종종 받았다. 자신 있게 답변하지 못하는 경우, 다른 사람은 몰라도 보고서를 작성한 사람은 모든 걸 설명할 수 있어야 한다고 하셨다. 혼내시는 것은 아니었지만, 어떤 질책보다 마음이 쓰라렸다. 당시에 필자는 인정받고 싶었고, 더 나아가 따라잡고 싶었다. 그 어떤 것보다 강한 동기 부여였다.

함께했던 빨간펜 선생님께서 부장으로 승진해 떠나셨고, 얼마 후 명예퇴직을 하셨다. 승진에 승진을 거듭하여 경영진이 되실 줄 알았는데, 제2의 인생을 찾아 미국으로 가시는 것을 보면서 실력과 용기 모두 대단하다는 생각이 들었다.

그 이후 필자도 정신없는 나날을 거치면서 조금씩 성장해 갔다. 그리고, 어느 순간 느낌이 왔다. "아! 내가 그때 차장님의 수준을 넘어섰구나." 혼자만의 평가였기에 살짝 우습기도 했지만, 감격적이었고 해냈다는 자부심이 생겼다.

직장인이라면 누구나 훌륭한 선배에게 인정받고, 그들을 넘어서고 싶은 욕구가 있다. 물론 시대가 변하면서 본인의 행복과 워라밸이 더 중요해졌기에, 그 결실이 과거만큼 큰 가치가 없다고 생각할 수도 있다. 그럼에도, **피할 수 없는 기나긴 보고서 레이스가 고난의 연속이 되지 않도록, 본인만의 목표를 세우고 도전하거나 함께 성장할 페이스메이커를 만드는 걸 추천한다.** 필자는 이제 따라잡을 목표나 페이스메이커를 찾는 일이 쉽지 않은 연차가 되었다. 그렇기에 누군가의 목표가 되기를 바라는 마음으로 실력이 녹슬지 않도록 꾸준히 노력하고 있다.

미국 유학 생활 중 플로리다주로 가는 길에 애틀랜타(Atlanta)를 지나게 되었다. 부장님께서 떠나신 후 애틀랜타에서 사업을 하신다고 어렴풋이 들은 적이 있었다. 꼭 만나 뵙고 싶어 예전 이메일로 연락드렸는데 답장이 없었고, 인터넷에서도 연락처를 찾을 수 없었다.

잘 지내시는지 궁금하기도 했고, 한때 기본도 안 된 햇병아리였던 필자가 이제는 홀로 설 수 있게 성장했다는 자랑도 하고 싶었다. 부장님에게는 수많은 후배 중 하나였겠지만, 필자에게는 따라잡고자 노력했던 목표였다. 끝내 얼굴을 뵙지 못한 채 애틀랜타를 떠나야 했고, 마지막 순간까지 아쉬운 마음을 지울 수 없었다.

존경하는 선배님을 만나지 못한 채 떠나야 했던 애틀랜타의 시내 전경(왼쪽)과 CNN 본사(오른쪽)

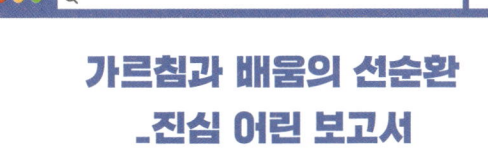

가르침과 배움의 선순환
_진심 어린 보고서

장점이라고 믿었던 것이 단점이 되기도 한다

회사에서 보고서를 쓰며 보낸 시간이 십수 년, 그래도 노하우가 쌓여 어느 순간 보고서 강의를 하고 있었다. 스스로 부족한 점이 많다고 느꼈지만, 작은 경험이라도 공유하자는 마음이었다. 이후 여러 사정으로 강의를 그만두고, 미국 유학이라는 새로운 도전에 나섰다.

그때만 해도 자신만만했다. 하지만, 학기가 시작되고 일주일도 채 되지 않아 맞닥뜨린 현실은 절망적이었다. 매주 쏟아지는 방대한 사전 학습 자료, 랩처럼 빠르게 진행되는 토론 수업을 겪으며 잘 못된 선택을 한 것만 같아 후회가 끝없이 몰려왔다. 특히, 보고서 과제는 그야말로 '멘붕' 그 자체였다. 수업은 창피해도 버티면 끝났지만, 보고서는 부족한 실력의 증거로 남았다. 교수님께서 보고서를 이해하지 못하겠다는 피드백을 주실 때마다, 어떻게 해야 할지 몰라 막막했다. 지금이라면 번역 앱이나 ChatGPT 같은 디지털 도구를 활용할 수 있겠지만, 당시에는 그런 지원을 받기 어려웠다.

배우면서 가르침의 자세를 깨닫는다

필자도 보고서라면 자신 있다고 생각했지만, 도대체 무엇이 문제인지 알 수 없어 고민했다. 친구의 소개로 중학교 영어 선생님에게 보고서를 보내 검토를 받았고, 문법이나 내용에는 문제가 없다는 답변을 받았다. 그러나, 교수님의 피드백은 변함이 없었다. 난감한 상황에서 같은 대학원 선배인 A 박사과정생이 보고서 멘토(mentor)로 일하고 있다는 소식을 들었다. 학생들이 줄 서 있다는 말을 듣고 어려울 거라 생각은 했지만, 지푸라기라도 잡는 심정으로 연락했다.

뜻밖에도 A는 친절하게 응대해 주었고, 학교 시스템을 거치지 않고 특별히 무료로 보고서를 피드백해 주었다. 대학원에 박사 과정의 외국인 학생이 별로 없는 상황에서 필자가 열심히는 하는데 언어 때문에 힘들어한다는 얘기를 듣고 돕고 싶었다는 후문을 나중에 들었다.

A의 피드백은 입을 다물지 못할 만큼 꼼꼼했다. 교수님들이 이해하지 못했다고 하신 이유를 설명해 주었고, 잘못된 부분을 고쳐주는 것을 넘어 미국 스타일의 보고서 작성법과 논리를 전개하는 방식까지 상세히 알려주었다. 문장 중간중간 빈 줄을 만들어 직접 작

성해 볼 기회도 주었다. 돌이켜 보면, 영어라는 장벽에 기죽어 알고 있던 보고서 작성 기본조차 지키지 못하고 우왕좌왕했던 면도 있었다. 하지만, A의 피드백 덕분에 보고서 작성에서 한 걸음 더 나아갈 수 있었던 건 변함없는 사실이었다.

가르침 속에서 배움이 다시 일어난다

미국에서 인재를 많이 보았지만, A는 필자가 만난 누구보다 탁월하고 친절한 사람이었다. 몇 번을 피드백 요청해도 진심으로 도와주었고, 어느 보고서는 열네 번이나 이메일을 주고받을 정도였다. 그 고마움에 보답하고자 필자 역시 보고서 작성에 최선을 다했다.

한 번은 A에게, 논문 쓰기도 바쁠 텐데 학생들의 보고서를 봐주면 시간이 부족하지 않겠냐고 물었다. 돌아온 답변이 인상적이었다. 누군가를 가르치면서 자신도 함께 성장한다는 것이었다. 교학상장(教學相長), '가르치며 배우고, 또 그 배움을 가르침 속에 녹여내며 성장한다.'라는 얘기를 들은 적은 있었지만, 진심으로 실천하는 사람은 처음이었다.

A의 뛰어난 보고서 실력은 개인적 재능뿐 아니라, 학생들에게 최선을 다해 피드백하며 쌓아 올린 결과였다. 완벽한 가르침과 배움의 선순환이었다. 필자가 한국에서 보고서 강의를 한 경험과는 메울 수 없는 차이가 있었다. 필자는 일방적으로 가르쳤다면, A는 가르치며 배우는 소통 속에서 성장했다. 진정한 보고서 역량 강화의

성공 사례였다.

　자신의 시간이 가장 소중한 시대에 누군가를 위해 시간과 정성을 쏟는다는 것이 쉽지 않을 수 있다. 하지만, 진심으로 누군가를 가르치면, 역량이 부족한 사람의 마음과 그 부족함을 바라보는 사람의 마음을 모두 이해할 수 있다. **보고서 작성에서 한 단계 더 성장하려면, 누군가를 가르쳐 보는 경험이 필요하다.**

　문득 생각나 텍사스주(State of Texas)의 한 대학교에서 교수로 재직 중인 A의 프로필을 찾아보았다. 미소 짓고 있는 사진을 보니 반갑고, 당시의 추억이 떠올랐다. A는 멋진 인생을 살고 있을 것이라 굳게 믿는다.

　　　MZ세대는 왜 보고서 앞에서 멈췄을까

바쁜 학기 중 잠시 휴식을 위해 스키와 단풍으로 유명한 콜로라도주 애스펀(Aspen)을 찾았다. 그날 밤, 호텔에서 A의 보고서 피드백을 확인하고 새벽까지 수정한 뒤, 가벼운 마음으로 마룬 벨스(Maroon Bells)를 보러 갔던 기억이 난다.

살면서 재물 복이 없다고 아쉬워한 적이 많았는데, 정작 사람 복으로 많은 어려움을 극복해 온 고마움은 놓치고 있었다. 힘든 유학 생활이었지만, 항상 응원해 주신 지도교수님과 보고서의 길을 열어준 A 선배 등 사람 복이 넘치는 좋은 시절이었다.

해가 떠오르는 마룬 벨스(Maroon Bells)

결국 사람과의 일
_대화로 푸는 보고서

필자가 보고서를 쓰면서 터득한 노하우는 그때는 옳았지만, 지금 세대에는 맞지 않는 경우도 많다. 그럼에도, 보고서 역량 향상에 목마른 후배들에게 조금이라도 도움이 되길 바라는 마음에서 몇 가지를 소개해 보았다. 그 외에 소개하지 않은 것들도 간략하게 얘기해 보고자 한다.

고통이 가져다주는 것

수준 높은 보고서를 써야 하는 부서에서 부르면, 눈 딱 감고 가보자. 근무하는 순간은 힘들지만, 향상된 보고서 작성 역량은 내 자산으로 남는다. 자전거 타기처럼 한 번 체득한 역량은 쉽게 사라지지 않는다. 물론 당시의 워라밸은 낮아질 수 있다. 하지만, **고난의 시**

간을 버텨내면 분명 남는 장사라고 여겨지는 순간이 올 것이다.

가성비를 생각하는 자세

서점에 가보면 보고서 작성에 관한 책들이 있다. 다만, 추상적인 내용을 담은 경우가 많고, 회사마다 특색이 있어 소개된 사례를 실전에 바로 적용하기 어려울 수도 있다. 책을 구매해 읽었지만 도움이 크게 되지 않았다고 투덜거리는 소리를 주변에서 가끔 듣는다. 필자의 책도 그런 평가를 받을 수 있기에 마음이 무겁다. 그래도 모든 책에는 배울 점이 있다. **작은 투자를 통해 수십 년간의 보고서 작성에서 나온 노하우를 접해보자.** 바로는 아니더라도, 시행착오를 거치며 결국 실전에서 활용할 수 있게 될 것이다. 사실, 직접 경험하기 위해 투자해야 하는 시간과 스트레스에 비해 얼마나 가성비가 뛰어난가!

사람과 사람 사이의 일

보고서를 작성하는 주체도, 보고서로 의사 결정하는 주체도 결국 사람이다. 보고서를 잘 쓰고도 상급자에게 혼나는 경우가 있다. 예쁜 사람은 뭘 해도 예쁘고, 미운 사람은 뭘 해도 밉다는 말이 떠오른다. 우수한 보고서를 쓰고도 매번 고배를 마신다면, 혹여나 본인의 보고 기술에 문제가 있는지 아니면 인간관계에 문제가 있는지 생각해 볼 필요가 있다. 혼낼수록 같이 커피도 마시고, 밥도 먹어보자. 대화를 통해 친해지고, 미리 보고서 얘기를 해 긍정적 분위기를 만들 수도 있다.

좋아하는 일에만 몰두하기에도 시간이 부족한 요즘 시대에 맞지 않을 수 있다. **잘하라고 혼낸다면 배우는 기회로 삼고, 성격이 나빠서 혼내면 친해져서 피하는 것도 하나의 방법임을 알려주고 싶을 뿐이다.** 그래도 안 된다면 평생 같은 부서에서 일하는 것은 아니므로, 헤어질 때까지 인내하며 기다리자. 시간은 생각보다 빨리 흐른다.

MZ세대는 왜 보고서 앞에서 멈췄을까

인생은
로드트립

조지아주(State of Georgia) 존스보로(Jonesboro)에 있는 타라로 가는 길 박물관(Road to Tara Museum)을 방문한 적이 있다. 이곳에는 1936년 발표한 마가렛 미첼(Margaret Mitchell)의 소설이자, 영화로도 유명한 《바람과 함께 사라지다(Gone with the Wind)》의 전시물이 있다. 여주인공 스칼렛 오하라(Scarlett O'Hara)는 안락한 삶이 전쟁과 함께 사라지고 사랑에서도 힘든 과정을 거치지만, 절망하지 않는다. 그녀가 남긴 말 "내일은 내일의 태양이 뜬다(After all, tomorrow is another day)."처럼, 희망은 언제 어디서나 존재한다.

타라로 가는 길 박물관의 '바람과 함께 사라지다' 전시물

4장

보고서의 실전 노하우를 장착하자

작지만 강력한 차이, 읽히는 보고서 설계 가이드

작은 것을 쌓아
특별한 것을 만드는 노력

1990년대 기업에 컴퓨터가 도입되었다. 이를 통해 보고서가 작성되기 시작한 이후 수많은 보고서의 달인들이 등장했다. 지금도 회사마다 보고서를 정말 잘 작성한다는 말을 듣는 이가 있을 것이다. 그렇다면 그에 상응하게 실전 보고서 작성의 비법도 시중에 많아야 한다.

하지만, 그간의 보고서 작성에 관한 책들은 각각 인사이트와 실전에 적용할 만한 몇 가지 사항들을 제공할 뿐 독자들의 부족한 점을 당장 만족할 만큼 채워주지는 못하는 것 같다.

그 이유는 기업마다 보고서 형태와 사용하는 프로그램이 다르고, 동일 기업 내에서도 상황에 따라 보고서 구성과 내용이 달라지기 때문이다. 지난번에는 좋은 평가를 받았던 방식도 이번에는 통하지 않을 수 있다. 즉, 한정된 페이지에 고정된 내용을 전달하는 책으로서는 모든 상황을 설명하기에 한계가 있을 수밖에 없다. 그래서 대부분 책은 시간이 지나도 변하지 않는 보고서 작성의 자세, 절차, 기본 양식, 맞춤법 등을 중심으로 다룬다.

보고서 작성은 역량이 우수한 선배로부터 실시간 지도를 받을 때 가장 빠르게 발전할 수 있다. 하지만, 우수한 선배는 소수고, 그들도 바쁘다. 독자와 크게 인연이 없다면 귀중한 시간을 들여 멘토링을 제공할 이유가 없다. 그렇기에 다시 책이 필요해지는 순간이다. 필자도 책에 담을 때의 한계를 넘기는 어렵다. 그럼에도, 실전에서 바로 도움이 될 만한 노하우 몇 가지를 추가해 그간의 책들과 함께 독자의 역량 향상에 도움이 되고자 한다.

지금까지 보고서가 직장 생활에서 '어떤 역할을 하고, 왜 중요하고, 어떻게 써야 잘 썼다고 인정받을 수 있는지'에 대해 얘기했다. 직장 초입부터 누적된 책에서 배운 지식, 뛰어난 실전 감각을 가진 상급자의 조언, 일과 가정에서 맞닥트린 어려움을 극복해 가는 과정에서 체득한 경험 등이 기반이었다. 필자가 소개하는 노하우 역시 이론이 아닌, 실전에서 적용하며 느낀 경험을 바탕으로 한 것이기에 보고서 작성 역량을 키우고자 하는 독자들에게 작게나마 도움이 될 것이다.

실전 노하우라고 말은 거창하지만, 이미 독자가 알고 있는 사실들에서 한 발짝 더 들어가는 것이다. 보고서 형식을 맞춰야 한다는 것을 알지만, 여백, 글자체, 글자 크기를 어떻게 설정해야 하는지, 왜 그렇게 해야 하는지를 알아야 실전에 적용할 수 있다. 작은 것부터 쌓아가다 보면 책에서 배운 것들을 자연스럽게 실전에 활용할 수 있게 되는 것이다. 모건 하우절(Morgan Housel)의 《불변의 법칙》에서 말하듯, "대부분의 놀라운 성공이나 성취도 작고 하찮은 뭔가가 쌓여 특별한 것으로 변할 때 일어난다."

균형감 있는 여백이란 무엇일까

보고서를 작성하기 위해 컴퓨터 문서 프로그램을 열면 가장 먼저 보이는 것은 흰색 바탕이다. 대부분은 보고서를 작성할 때 마음이 급해 페이지 여백을 확인하지 않고 바로 글을 쓰기 시작한다. 물론, 설정에서 표준 여백을 미리 정해두었다면 큰 문제가 되지 않는다. 하지만, 설정이 잘못되어 있거나, 다른 직원의 보고서를 불러와 내용을 수정하면서 작성하게 되면 페이지 여백이 평소와 달라질 수 있다. 보고서 글쓰기의 첫걸음은 여백을 정확히 맞추고 시작하는 것이다.

[기본] 회사의 표준 페이지 여백을 적용한다

보고서 유형별 형식이 표준화되어 있고, 시스템에서 자동으로 제공[4]될 때는 그대로 사용하면 된다. 그렇지 않으면, 최고경영자나 경영진급이 보는 보고서들의 여백을 확인하고, 다수 보고서에 적용된 여백을 기준으로 설정한다. 선택이 어렵다면, 주변에서 보고서 역량이 뛰어난 상급자의 의견을 참고한다. 다음의 사항(확장)에 맞지 않을 때도 회사의 표준 페이지 여백을 우선 적용하되, 본인의 보고서가 회사 내에서 인정받는 수준에 도달했을 때 변화를 고려해 보는 것도 좋다.

[확장] 균형감 있는 페이지 여백을 추구한다

페이지 여백을 너무 주어도 답답하고, 적게 주어도 답답하다.

① A4 보고서를 작성할 때 한글의 페이지 여백 설정을 '왼쪽 20mm, 오른쪽 20mm, 위쪽(머리말 포함) 25mm, 아래쪽(꼬리말 포함) 25mm'로 설정하는 것을 권장한다. MS-Word에서는 '레이아웃-사용자 지정 여백'에서 설정하도록 한다.

※《대통령 보고서》도 같은 방식을 따른다. 위쪽과 아래쪽을 각각 15mm, 머리말과 꼬리말을 각각 10mm를 주는 것으로 하고 있다.

② 왼쪽과 오른쪽 여백은 조정을 하지 않는 것이 좋다. 예를 들어, 왼쪽 또는 오른쪽 여백을 30mm로 늘리거나 10mm로 줄이면 전체적인 균형감이 크게 떨어진다. 다만, 책자 제작이나 제본을 위해

---

4   일상적으로 발생하는 업무는 대부분 시스템에서 자동으로 보고서 양식이 생성된다. 본인이 쓰고자 하는 보고서의 양식이 시스템에서 제공되면 이에 따라 작성하면 된다.

왼쪽 여백을 더 확보해야 할 경우, 왼쪽 여백을 늘리고 오른쪽 여백을 동일 수치만큼 줄이면 된다.

③ 위쪽(머리말 포함), 아래쪽(꼬리말 포함) 여백은 지면 부족 등의 상황에서 필요할 경우 조정한다. 그래도 각각 20mm 미만으로 줄이지 않도록 한다.

④ 그럼에도, 여백 조정은 권장하지 않는다. 보고서를 작성하다 보면 지면이 부족한 상황이 자주 발생하는데, 내용을 정제하는 노력보다 여백을 조정해 페이지를 맞추려 하면 기본에 충실하지 못하다는 평가를 받기 쉽다. 또한 문구를 다듬는 훈련에도 방해된다. 더불어 여러 부서의 보고서를 통합할 때 여백이 제각각이면 이를 맞추느라 불필요한 시간이 소요된다.

⑤ A3 용지를 가로로 배치하여 A4 보고서의 참고 자료로 삽입하는 경우가 있다. 이때는 본문 여백보다 자유롭게 조정해도 무방하다. 가능하면 본문과 동일한 여백을 유지하는 것이 좋겠지만, 왼쪽과 오른쪽 여백을 각각 10mm, 위쪽과 아래쪽 여백을 각각 15mm 등으로 줄여도 큰 문제가 없다. 단, 제본에 필요한 여백은 확보해야 한다.

페이지 여백 설정 예시

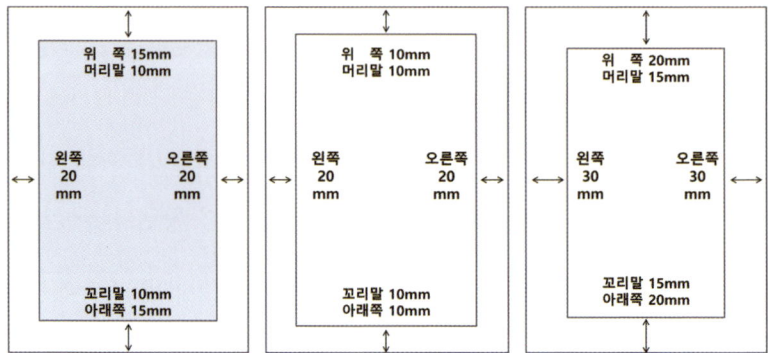

위 쪽 15mm
머리말 10mm

왼쪽 20mm   오른쪽 20mm

꼬리말 10mm
아래쪽 15mm

위 쪽 10mm
머리말 10mm

왼쪽 20mm   오른쪽 20mm

꼬리말 10mm
아래쪽 10mm

위 쪽 20mm
머리말 15mm

왼쪽 30mm   오른쪽 30mm

꼬리말 15mm
아래쪽 20mm

왼쪽을 추천 / 가운데는 지면이 부족할 경우 제한적 사용 / 오른쪽은 가능한 지양

MZ세대는 왜 보고서 앞에서 멈췄을까

미국에는 그랜드 캐니언(Grand Canyon), 옐로스톤(Yellowstone), 요세미티(Yosemite) 등 멋진 국립공원이 많다. 각각의 특색이 뚜렷하지만, 개인적으로 유타주에 있는 아치스 국립공원(Arches National Park)의 독특함과 자연이 만들어 낸 균형감이 참 마음에 든다.

익스트림 스포츠(extreme sport) 애호가들에게 사랑받는 이 국립공원은 붉은빛 기암으로 이루어진 풍경이 압권이다. 특히, 탐방로를 따라 올라가 바라본 델리케이트 아치(Delicate Arch)는 오랜 비바람에도 경이로운 균형을 유지하며 서 있고, 만년설과 푸른 하늘이 어우러진 배경과 조화를 이룬다. 마치 보고서에서 내용과 여백이 완벽하게 균형을 이룬 한 페이지를 보는 듯한 느낌이다.

아치스 국립공원을 대표하는 델리케이트 아치

글자체 선택은 어떻게 할까

본격적으로 글쓰기에 돌입하기 전에 어떤 글자체(font)를 쓸지도 결정해야 하며, 이는 보고서를 평가하는 중요한 요소 중 하나이다.

전통적으로 인재를 선발할 때 신언서판(身言書判)이라는 말이 있다. 이는 당나라 관료 선발의 기준으로 '용모, 언변, 글씨, 판단력'을 의미한다. 긍정적으로 보면 함께 일할 때 외모가 단정하고, 말이 유창하며, 글까지 잘 쓰면서 판단력 있는 사람을 쓰겠다는 취지이다. 반대로, 외모지상주의에 당시 부와 권력을 누리는 이들의 자식들이 잘 가꾸고 잘 배워서 대물림하는 방법일 수도 있다. 어쨌든, 컴퓨터 없이 수기로 글을 써야 하는 시대에 알아보기 어려운 글씨는 상급자든 동료든 불만이었을 것이 분명하다.

'글씨는 마음의 거울'이라 하여 글씨를 보면 그 사람의 마음을 알 수 있다고도 한다. 실제 이와 관련하여 필상학(筆相學)이라는 학문도 있다. 사주, 관상, 타로가 언제나 맞는 것은 아니듯이 글씨로 성격이나 심리상태를 추정하는 것도 비슷하겠지만, 이왕이면 좋은 평가를 받는 게 기분 좋을 것이다. 이렇듯 글씨는 그 대상을 평가하는 데 중요한 항목이다.

다행히 컴퓨터가 필자를 포함하여 많은 직장인을 살렸다. 컴퓨터가 없었다면 직접 손으로 보고서를 쓰며 내용뿐만 아니라 글씨까지 신경 써야 했을 것이다. 컴퓨터 이전에 한동안 타자기가 쓰이기는 했다. 문명의 혜택을 톡톡히 누리고 있는 우리는 문서 프로그램에 있는 넘쳐나는 글자체(font)에서 적절히 골라 쓰면 된다.

[기본] 회사의 표준 글자체(font)를 적용한다

페이지 여백과 마찬가지로 보고서 유형별 형식이 표준화되어 있고, 시스템에서 자동으로 제공될 때는 그대로 따르면 된다. 그렇지 않으면 최고경영자 또는 경영진급이 보는 보고서들의 글자체를 적용한다. 다른 내용도 페이지 여백과 같이 판단하면 된다.

[확장] 글자체 선택을 절제하며, 내용 전달력이 우수한 글자체를 사용한다

① 글자체는 '한 페이지 내에서 세 가지 이내(제목, 내용, 추가 설명)'를 사용하는 것을 권장한다. 한글, MS Word 등 대부분 프로그램에서 다양한 글자체가 제공되지만, 보고서에 글자체를 여러 가지 섞어 쓰면 난잡하게 보일 수 있다. 또한 다른 사람에게 익숙하지 않은 글자체는 내용 전달력을 떨어뜨린다. 기분에 따라 글자체를 바꾸어서는 안 되며, 선택 시 절제가 필요하다.

② 통상적인 보고서, 특히 공공부문의 경우에는 '제목 줄은 HY헤드라인M, 본문은 휴먼명조, 별표는 중고딕'을 추천한다. 제목 줄과 소제목에 굵은 글자인 HY헤드라인M을 쓰면 보고서 단계별 구분이 한눈에 들어온다. 한컴 윤고딕도 제목 글자체로 무난하게 어울린다. 다소 두꺼운 글자체로 비슷한 효과를 낼 수 있지만, HY헤드라인M이 단정하고 휴먼명조와 조화가 잘된다. 제목, 본문, 별표를 명확히 구분할 수 있다면 다른 글자체를 사용하는 것도 괜찮다.

③ 한글 프로그램 사용 시 유의할 점은 휴먼명조 글자체가 두 가지라는 점이다. 하나는 '휴먼명조 HMKMM.TTF'이고, 다른 하나는 '휴먼명조 HMKSM.HFT'이다. 전자는 글자체 이름 앞에 'TT'가 붙으며, 따옴표나 숫자 등의 모양이 후자와 약간 다르다. 공공부문에서는 대부분 후자(HMKSM.HFT, 글자체 이름 앞에 'TH'가 붙는 휴먼명조)를 사용하므로, 전자를 사용하면 다른 보고서와 붙여넣기를 할 때 재편집이 필요해 번거롭다. 따라서 매번 확인하지 말고 Windows의

Fonts 폴더에서 전자를 미리 삭제하는 것이 좋다.

④ 본문을 휴먼명조로 작성하다가 추가 설명이 필요한 경우 별표(*)를 사용하며, 글자체는 중고딕을 적용하면 된다. 화면상에서는 중고딕이 다소 투박해 보이나, 인쇄하면 휴먼명조와 잘 어울린다. 상황에 따라 맑은고딕이나 나눔고딕을 사용하기도 한다.

⑤ 맑은고딕과 나눔고딕은 화면상 깔끔하고 인쇄 시에도 보기 좋지만, 분량이 많은 본문에 사용하면 가독성이 떨어지고 피로감이 쉽게 느껴질 수 있다. 한두 페이지 정도의 일상적인 업무 보고서 작성에 적합하다.

⑥ 대화형 내용을 작성할 때는 양재밸라체M, 양재난초체M, 필기체, 나눔손글씨 펜체 등을 활용한다.

⑦ 자기만의 개성을 살리기 위해 흔치 않은 글자체(유료 font)를 사용할 수도 있다. 다만, 파일 공유 시 상대방 환경에서 깨져 보일 수 있으며, 보고서 내용이 뛰어나더라도 익숙하지 않은 글자체 사용으로 상급자로부터 지적을 받을 가능성이 있다.

⑧ 외부 제공용 특수목적 보고서나 안내문 등을 자체 제작 시 디자인을 고려해 글자체를 자유롭게 활용한다.

글자체 사용 예시

신입직원 보고서 작성 역량 강화방안 [헤드라인M]

1. 검토 배경 [헤드라인M]

☐ 신입직원 보고서 작성 역량에 대한.... [휴먼명조]

　○ 관리자급 대상 인터뷰* 시행 결과..... [휴먼명조]

　　* 시행 기간, 대상 인원, 주요 인터뷰 질문 등.... [중고딕]

※ 대화형 내용에 활용되는 글씨체

보고서 작성 역량 강화가 필요합니다. [양재벨라체M]

보고서 작성 역량 강화가 필요합니다. [양재난초체M]

보고서 작성 역량 강화가 필요합니다. [펑기]

보고서 작성 역량 강화가 필요합니다. [나눔손글씨 펜]

미국에서 가장 화려한 도시를 꼽을 때 빠질 수 없는 곳은 라스베이거스(Las Vegas)다. 누구나 한 번쯤 방문해 보고 싶은 도시이기에, 관광객들은 방문 인증을 꼭 남기곤 한다. 라스베이거스에는 수많은 명소가 있지만, 그중에서도 특히 도시의 상징인 환영 표지판 앞은 언제나 사진을 찍는 관광객들로 북적인다. 미국에서 가장 인지도 높은 간판 중 하나인 라스베이거스 표지판을 보면 몇 가지 글자체와 색상을 조합해 도시의 활기와 화려함을 효과적으로 표현하며 방문객을 반긴다.

글자체와 색상이 조화로운 라스베이거스 환영 표지판

표지와 목차는
꼭 필요할까

한두 페이지 분량의 짧은 보고서를 작성할 때는 크게 신경 쓰지 않다가, 분량이 많아지면 표지와 목차를 작성해야 하는지 고민하게 된다. 일단 표지와 목차가 붙으면, 보고서 전체가 대단한 내용을 담아야 할 것 같은 부담이 생긴다. 마치 편하게 일하려고 격식 없게 옷을 입고 있다가, 공식적 업무가 갑자기 생겨 정장으로 갈아입는 느낌이다.

책에 있어 표지는 첫인상을 결정한다. 내용과 분위기를 시각적으로 전달해 독자가 책을 집어 들지 말지를 결정하게 하는 중요한 요소이다. 작가의 소중한 생각이 담긴 책을 보호하는 기능도 한다. 반면, 보고서의 표지는 대게 디자인 없이 제목과 작성 시점, 작성자(회사명 또는 부서명) 등을 간략히 표시해 공식적이고 절제된 느낌이 강하다. 내용을 바로 볼 수 없도록 하는 기능도 있다.

목차는 책, 보고서 등의 전체적인 구성과 흐름을 파악하도록 도와준다. 책의 경우 최근에 특정 내용을 쉽게 찾는 기능이 더 중요해졌다. 그 이유는 독자가 목차를 통해 각 장의 주제를 파악하고 관심 있는 장을 골라 읽고자 하기 때문이다. 요즘 책들은 다수의 장으로 구성하되 각 장의 내용이 연결되지 않고 독립적인 경우가 많아 순서를 바꿔 읽어도 크게 문제가 되지 않는다. 반면, 보고서는 처음부터 순서대로 읽어야 정확히 이해할 수 있다.

전략, 경영일반, 사업 기획 등의 업무를 맡지 않으면, 표지와 목차를 사용할 정도로 형식을 갖추어야 하거나 분량이 많은 보고서를 작성하는 일은 드물다. 하지만, 회사에서의 업무는 언제든 바뀔 수 있다. 표지와 목차를 작성할 일이 적을 뿐이지 아예 없는 것도 아니기에 마음속에 원칙을 세우자.

[기본] 분량이 적은 보고서는 생략하고, 분량이 많거나 공식적인 보고서는 포함한다

① 명확한 기준은 없으나, 본문 5페이지 이내의 보고서는 표지와 목차를 생략하는 것을 권장한다. 본문이 5페이지를 초과하면 표지와 목차를 작성하고, 상급자에게 보고하는 과정에서 유지 여부를 결정한다.
② 특정 현안 등을 검토한 보고서가 아닌, ~중장기 계획, ~ 전략 방

향과 같이 종합적인 관점에서 작성되었거나 회사 내 다수가 읽는 보고서는 반드시 표지와 목차를 포함한다.

③ 회사의 공식 보고서로서 외부 제출용이거나 중요한 회의 자료로 격식을 갖출 필요가 있을 때는 분량과 상관없이 표지를 작성한다. 목차는 필요하다고 판단될 때만 추가한다.

[확장] 꼭 필요한 정보만 담고, 최대한 간결하며 가독성을 높여 작성한다

① 회사에서 제공하는 공식 표지가 있다면 이를 활용한다. 공식 표지가 없는 경우, 제목, 작성 시점(날짜 포함 여부는 상황에 따라 결정), 작성자(기업명 또는 부서명)를 반드시 기재하고(표지 예시 1), 필요에 따라 기타 정보를 추가할 수 있다(표지 예시 2).

② 표지의 필수 항목은 HY헤드라인M 또는 하나의 글자체만 사용해 작성하며, 기타 정보는 그 성격에 맞는 글자체를 활용한다. 제목 글자 크기는 35pt 내외, 작성 시점과 작성자는 약 28pt 내외가 적당하며, 상황에 맞게 조정할 수 있다.

③ 목차는 일반적으로 표지 다음 페이지에 작성한다(목차 예시 1, 2). 다만, 목차가 단순한 경우에는 표지에 작성할 수 있다(목차 예시 3). 목차의 글자 크기는 15~18pt 정도가 적당하며, 로마자는 HY견명조로 작성하는 것이 좋다.

④ 페이지 수가 많을 경우, '책갈피-하이퍼링크' 기능을 활용해 클릭

시 바로 해당 페이지로 이동할 수 있도록 연결하는 것도 좋다. 이동하려는 위치에 '입력 〉 책갈피'를 설정하고, 목차에는 '입력 〉 하이퍼링크'를 설정한 후 원하는 책갈피를 선택하면 된다.

⑤ 페이지 번호가 점선 끝에 깔끔하게 정렬되도록 탭을 설정한다. 각 제목을 선택한 후 커서를 위치시키고 '문단 모양 〉 탭 설정'에서 '탭 종류'를 오른쪽으로, '채울 모양'을 점선으로 선택한다. 탭 위치는 425pt(상황에 따라 조절)로 설정한 뒤 '추가'하고 탭 키를 누르면 점선이 나타난다.

표지 예시

[표지 예시 1]

[표지 예시 2]

○○ 회의용

신입사원의 보고서 작성 역량을 키웁시다.
— CEO 메시지 —

제목

제목

0000. 00.

0000. 00.

기업(부서)명

기업(부서)명

목차 예시

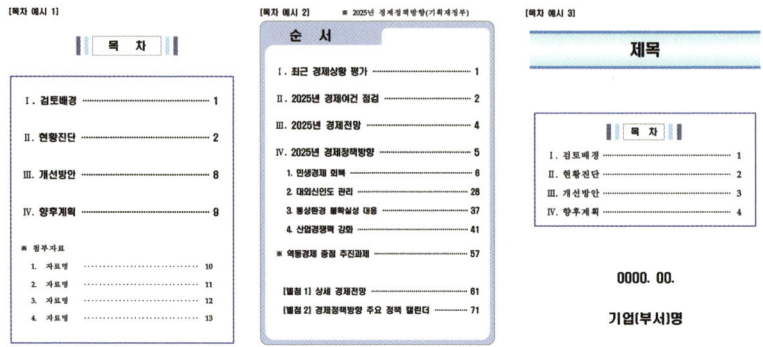

[목차 예시 1]

|| 목 차 ||

Ⅰ. 검토배경 ·········· 1

Ⅱ. 현황진단 ·········· 2

Ⅲ. 개선방안 ·········· 8

Ⅳ. 향후계획 ·········· 9

※ 첨부자료
1. 자료명 ·········· 10
2. 자료명 ·········· 11
3. 자료명 ·········· 12
4. 자료명 ·········· 13

[목차 예시 2]   ※ 2025년 경제정책방향(기획재정부)

순 서

Ⅰ. 최근 경제상황 평가 ·········· 1

Ⅱ. 2025년 경제여건 점검 ·········· 2

Ⅲ. 2025년 경제전망 ·········· 4

Ⅳ. 2025년 경제정책방향 ·········· 5
1. 민생경제 회복 ·········· 8
2. 대외신인도 관리 ·········· 26
3. 통상환경 불확실성 대응 ·········· 37
4. 산업경쟁력 강화 ·········· 41

※ 역동경제 종합 추진체제 ·········· 57

[별첨 1] 상세 경제전망 ·········· 61

[별첨 2] 경제정책방향 주요 정책 캘린더 ·········· 71

[목차 예시 3]

제목

|| 목 차 ||

Ⅰ. 검토배경 ·········· 1

Ⅱ. 현황진단 ·········· 2

Ⅲ. 개선방안 ·········· 3

Ⅳ. 향후계획 ·········· 4

0000. 00.

기업(부서)명

깔끔하고 균형 잡힌 표지와 목차로 보고서를 시작하면, 상급자는 더욱 긍정적인 마음으로 내용을 읽게 된다.

미국의 전 권투선수 무하마드 알리(Muhammad Ali)의 "나비처럼 날아 벌처럼 쏜다(Float like a butterfly, sting like a bee)."라는 말은 누구나 한 번쯤 들어봤을 것이다. 미국 동부를 여행할 때 가족은 켄터키주(Commonwealth of Kentucky)는 프라이드 치킨만 생각난다고 농담하며 스치듯 지나가고 싶어 했다. 인근 한인 식당에서 점심을 먹는데, 사장님이 여기까지 왜 왔는지 신기해할 정도였다. 하지만, 어린 시절 권투에 대한 로망이 있었던 필자는 루이빌(Louisville)에 있는 무하마드 알리 센터(Muhammad Ali Center)를 들르고 싶었다.

그는 열여덟 살의 나이로 로마 올림픽에서 금메달을 땄고, 강력한 잽(jab)과 빠른 발놀림(footwork)으로 프로 무대에서도 승승장구

했다. 이후 군 복무를 거부하며 어려운 시기도 겪었지만, 당대의 챔피언들이었던 조 프레이저, 조지 포먼 등과 권투 역사에 남을 명경기들을 펼쳤다. 또한 반전운동과 흑인 인권운동에도 큰 영향을 미쳤다. 알리 센터에서 그의 일생과 명언들을 돌아보며 어떻게 정점에 설 수 있었는지 절로 고개가 끄덕여졌다. 모든 부문에서 기본기가 중요하다. 권투에 잽과 발놀림이 있다면, 보고서에는 표지와 목차가 있다.

무하마드 알리 센터에 있는 그의 샌드백(왼쪽)과 명언(오른쪽)

보고서는 분량을 최소화하면서 많은 정보를 주어야 하기에 압축
적으로 작성하게 된다. 수필이나 소설처럼 길게 문장을 쓰면 안 되
고, 화제가 전환될 때마다 항목을 구분하여 보고받는 사람이 쉽게
이해할 수 있도록 해야 한다. 즉, 보고서 본문의 작성은 항목 표시
에서부터 시작한다.

[기본] 회사에서 정한 항목 구분을 사용하며, 별도로 정해져 있지 않은 때는 "행정업무의 운영 및 혁신에 관한 규정" 등의 항목 구분 표시를 활용한다

과거 "사무관리규정", 지금은 "행정업무의 운영 및 혁신에 관한
규정"에서는 둘 이상의 항목을 구분할 때 표시 방법을 안내하고

있다. 순서는 숫자일 경우 오름차순, 한글일 경우 가나다순으로 표시하며, 상위 항목부터 하위 항목까지 '1., 가., 1), 가), (1), (가), ①, ㉮'의 형태로 표시하는 것이다. 다만, 《대통령 보고서》에서는 '가. 나. 다' 체계가 본문 글자와 구분이 명확하지 않을 수 있어 다른 체계를 제안하고 있다. 이와 함께 필요한 경우에는 □, ○, -, 、 등과 같은 특수한 기호를 사용한다. 매년 기획재정부가 발표하는 '경제정책방향'의 항목 구분도 참고하면 유용하다. 이를 정리하면 다음과 같다.

구분	"행정업무의 운영 및 혁신에 관한 규정 시행규칙" 제2조(공문서 작성의 방법)		《대통령 보고서》
항목 표시	숫자 항목으로만 구성된 경우	한글 항목으로만 구성된 경우	Ⅰ., Ⅱ., Ⅲ., Ⅳ., ··· v1., 2., 3., 4., ···
	1., 2., 3., 4., ··· v 1), 2), 3), 4), ··· vv (1), (2), (3), (4), ··· vvv ①, ②, ③, ④, ···	가., 나., 다., 라., ··· v 가), 나), 다), 라), ··· vv (가), (나), (다), (라), ··· vvv ㉮, ㉯, ㉰, ㉱, ···	vv1), 2), 3), 4), ··· vvv(1), (2), (3), (4), ··· vvvv ①, ②, ③, ④, ···

■ 숫자와 한글을 활용한 항목 구분 표시 방법
* 첫째 항목 부호는 문단의 맨 앞에 위치하며, v 표시는 1칸 띄움을 의미한다.

　장문의 보고서에서 항목을 세부적으로 구분할 때는 앞서 제시한 방법이 유용하다. 그러나, 항목이 복잡하게 나누어지면, 보고받는 상급자가 읽기 전부터 부담을 느낄 수 있다. 일단 분량이 많고, 항목이 바뀔 때마다 앞의 내용을 머릿속에서 되새기며 흐름을 놓치지 않게 신경 써야 하기 때문이다. 다행히, 일상적으로 작성하는 짧은 보고서에서는 이러한 세부 항목 표시를 전부 사용할 필요는 거의 없다.

[확장] 보통 보고서는 '1, □, ○, -',
또는 '가, □, ○, -', 심지어는 '□, ○, -' 로만 작성된다

다음과 같이 항목을 단순화하면서도 내용을 다 전달할 수 있다면 그게 최선이다.

구분	숫자 예시 (1)	숫자 예시 (2)	한글 예시	기타 예시 (1)	기타 예시 (2)
항목 표시	Ⅰ.v과제명 v1.v검토배경 w□ wv○ www- v2.v현황분석	1.v검토배경 v□ wv○ wv- 2.v현황분석 v□	가.v검토배경 v□ wv○ wv- 나.v현황분석 v□	[검토배경] v□ wv○ wv- [현황분석] v□	□v(검토배경) v○ w- wv· □v(현황분석) v○

■ 특수 기호를 활용한 항목 구분 표시 방법

여기서 '□ 와 ○와 - 의 관계'를 이해하는 것이 중요하다.

① □ 에서는 무엇을 하겠다, 필요하다는 등의 설명이나 주장을 정확히 전달한다.

② ○ 에서는 □ 에서 기술한 사항을 순서에 맞춰 구체적으로 이해할 수 있도록 보충 정보를 제공한다. 이때 □ 에서 언급하고 ○ 에서 빠뜨리거나, 순서가 뒤바뀌지 않도록 주의해야 한다.

MZ세대는 왜 보고서 앞에서 멈췄을까

예시	□ 지속되는 경기 침체에 대응, 신규사업 매출 강화 및 주력사업 원가 절감을 통해 재무 건전성 제고 ○ 국내외 50개국에서 신규 출범한 A 사업은 SNS, 인플루언서 등을 활용한 마케팅으로 매출 3,000억 원 달성 ○ 기업 매출의 50%를 차지하는 B 사업은 AI 기반의 전력 사용 최적화 등으로 전년 대비 원가 900억 원 절감

■ □ 와 ○ 의 관계

③ – 의 경우 ○ 보다 더 세부적인 정보를 제공하거나, 이에 따라 문제가 될 수 있는 사항들을 넣어주면 된다. 반드시 ○ 마다 작성할 필요는 없으며, 꼭 필요할 때만 사용한다.

예시	○ 국내외 50개국에서 신규 출범한 A 사업은 SNS, 인플루언서 등을 활용한 마케팅으로 매출 3,000억 원 달성 - 글로벌 SNS 활용 및 인플루언서 섭외 등에 전문성을 갖춘 마케팅 Z사와 협약 체결 ('25. 4.)

■ ○ 와 – 의 관계

④ □ 아래에 ○ 또는 – 을 과도하게 사용하여 □ 와 다음 □ 사이가 지나치게 벌어지면, 읽는 사람의 집중력이 떨어질 수 있다.

⑤ □, ○, – 의 특정 단어나 문장에 추가적인 설명이 필요하나 문장이 길어질 경우, 하단에 별표(*)를 사용하여 설명한다.

예시	- 글로벌 SNS 활용 및 인플루언서 섭외 등에 전문성을 갖춘 마케팅 Z사*와 협약 체결(25. 4) * '20년 창립, 70개국 SNS 마케팅 지부 운영 및 인플루언서 200여 명과 협력하는 국내 최대 규모의 마케팅사

■ – 와 * 의 관계

미국을 여행하다 보면 대자연의 웅장함에 감탄이 절로 나올 때가 많다. 특히, 엄청난 양의 물이 쉴 새 없이 시원하게 쏟아져 내리는 나이아가라 폭포(Niagara Falls)를 봤을 때 가슴이 뻥 뚫리는 기분이었다. 자연스럽게 흐른다는 것을 가장 잘 표현해 주는 곳이라고 생각했다. 보고서 작성에 있어 경험 많은 선배들이 강조하는 것 중 하나가 '캐스케이딩(cascading)'이다. □, ○, -의 내용도 물 흐르듯이 자연스럽게 전개되어야 한다는 얘기다. 이를 실천할 수 있다면 보고서의 높은 벽 중 하나를 넘은 것이다.

시원하게 흘러내리는 나이아가라 폭포 전경

글자 크기와 줄 간격은 어떻게 설정할까

우리가 접하는 소설이나 자기계발서와 같은 책들은 독자에게 선택받기 위해 많은 장치를 한다. 훌륭한 내용이 가장 중요하겠지만, 표지를 예쁘게 디자인하고 책의 크기도 신경 쓴다. 소설이나 수필 같은 경우 국판(A5) 148×210(mm) 또는 신국판(신A5) 152×225(mm) 등으로 출판되어 한 손으로 들고 읽기 편하고, 휴대도 쉽다.

책이 작기에 글자 크기도 보통 9.5pt~10.5pt, 줄 간격도 16pt~21pt 정도로 설정된다. 내용이 쉽게 읽혀야 하고, 다양한 상황이나 감정 등에 대한 것도 전달해야 하기에 이런 책들은 글자 수가 많아진다. 글자 크기를 키운다면 내용에 비해 책이 과도하게 두꺼워져 작가나 독자 모두에게 부담이 된다. 작은 책에 큰 글자는 읽는데도 피로감을 느낀다. 줄 간격도 독자가 답답함을 느끼지 않도록 적절히 설정한다. 많은 책이 비슷한 선택을 하는 데는 이유가 있다.

보고서는 국배판(A4) 210×297(mm)으로 보통 작성된다. "행정업무의 운영 및 혁신에 관한 규정" 제7조 제6항에 특별한 사유가 없으면 210×297(mm) 용지를 사용하도록 하고 있다. 국제적으로도 널리 사용되어 민간 및 공공부문 모두 A4 보고서를 선호한다.

보고서는 어려운 내용을 빠르고 정확하게 전달해야 한다. 글자가 너무 작아 페이지에 단어가 많으면 한눈에 내용을 파악하기 어렵고, 핵심 사항을 찾기도 힘들다. 또한, 많은 상급자가 연령대가 높아 글자가 커야 잘 볼 수 있다는 현실적인 문제도 고려해야 한다. 줄 간격도 글자 크기와 조화가 필요하다. 보고서는 상급자가 의사결정하거나 행동에 옮길 수 있도록 독자 맞춤형으로 작성되어야 함을 명심하자.

[기본] 회사에서 정한 글자 크기 및 줄 간격을 사용한다

별도로 정해진 기준이 없는 경우, '글자 크기는 제목(표지가 없는 경우) 22~23pt, 소제목 15~16pt, 본문 15pt, 별표(*) 13pt'로 하고, '줄 간격은 160%'로 설정한다. 단, 본문의 문장 내에서 ( )를 활용한 부연 설명은 2pt 줄여 13pt로 설정하는 것이 좋다.

※ 제목·소제목 HY헤드라인M, 본문 휴먼명조, 별표 중고딕

- 《대통령 보고서》에서도 '글자 크기를 문서 제목 22pt, 소제목 16pt, 본문 15pt, 중간 참고 내용(별표) 13pt'로 권장한다. '줄 간격은 130%'를 기준으로 하며, 문단 위아래에 각각 5pt를 지정한다.

[확장] 상황에 맞게 글자 크기와 줄 간격을 적절히 조정하여 사용한다

① 최고경영자에게 한 페이지로 요약 보고할 경우, 본문 글자 크기를 16pt로 1pt 키우는 것도 고려할 수 있다. 내용 압축이 다소 어렵지만, 가독성은 확실히 향상된다.

② 보고서의 성격, 작성일자, 보고자 등의 정보는 제목 상단이나 하단에 중고딕 13~14pt로 기재하면 된다.

③ 줄 간격을 160%로 설정할 경우, □ 위에 10pt, ○ 위에 5pt, - 위에 5pt, * 위에 3pt를 주도록 한다. 단, 상황에 따라 탄력적으로 조정해 사용할 수 있다(예시 □ 위에 8pt, ○ 위에 5pt, - 위에 3pt, * 위에 0pt).

④ 내용이 페이지를 약간 넘어갈 때 줄 간격을 조정하여 분량을 맞추되, 140% 미만으로 줄이는 것은 지양하는 것이 좋다.

줄 간격을 160%로 설정하고 특수 표기에 추가 pt를 준 경우와 줄 간격을 130%로 설정하고 문단 위아래 추가 pt를 준 경우는 각각 다음과 같은 장단점이 있다. 상황에 따라 적절히 선택 활용하면 된다.

구분	줄 간격 160% + 특수 표기 추가 pt	줄 간격 130% + 문단 위아래 추가 pt
장점	답답함이 적고, 전체적인 줄 간격의 균형이 우수함	한 번에 문단의 위아래 추가 pt를 지정해서 편리함
단점	특수 표기 추가 pt 반영을 신경 써야 해서 불편함	문장이 두세 줄이 될 때 줄 간격이 좁아 보여 답답함

■ 줄 간격 설정 방법별 장단점

[줄 간격 160% + 특수 표기 추가 pt 예시]

☐ 지속되고 있는 경기 침체에 대응, 신규사업 매출 확대 및 주력사업
　 원가절감 을 통해 재무 건전성 제고

　 ○ 국내외 50개국에서 신규 출범한 A 사업은 SNS, 인플루언서 등을
　 　 활용한 마케팅으로 매출 3,000억 원 달성

　 ○ 기업 매출의 50%를 차지하는 B 사업은 AI 기반의 전력 사용 최적화
　 　 등으로 전년 대비 원가 900억 원 절감

[줄 간격 130% + 문단 위아래 추가 pt 예시]

☐ 지속되고 있는 경기 침체에 대응, 신규사업 매출 확대 및 주력사업
　 원가절감 을 통해 재무 건전성 제고

　 ○ 국내외 50개국에서 신규 출범한 A 사업은 SNS, 인플루언서 등을
　 　 활용한 마케팅으로 매출 3,000억 원 달성

　 ○ 기업 매출의 50%를 차지하는 B 사업은 AI 기반의 전력 사용 최적화
　 　 등으로 전년 대비 원가 900억 원 절감

　글자 크기와 줄 간격 설정에 따라 보고서가 시원시원하게 보일
수도 있고, 답답하게 느껴질 수도 있다는 점을 명심하자.

MZ세대는 왜 보고서 앞에서 멈췄을까

보고서 기본 양식(안)

제목 / 헤드라인M, 22~23pt

['00. 0. 00., 보고서 성격, 작성자 등 / 중고딕, 13pt]

◈ 필요할 경우 글상자 사용 / 휴먼명조 15pt
　• 별표 / 중고딕 13pt

1. 소제목 / 헤드라인M, 15~16pt

□ 한글문자표 - 전각기호(일반) - '□(3400)' 선택 / 휴먼명조 15pt
　○ 한글문자표 - 블릿기호 - 'ㅇ(2F11)' 선택 / 휴먼명조 15pt
　- 하이픈 / 휴먼명조 15pt
　　• 별표 / 중고딕 13pt

2. 소제목 / 헤드라인M, 16pt

□ 한글문자표 - 전각기호(일반) - '□(3400)' 선택 / 휴먼명조 15pt
　○ 한글문자표 - 블릿기호 - 'ㅇ(코드2F11)' 선택 / 휴먼명조 15pt
　- 하이픈 / 휴먼명조 15pt
　　• 별표 / 중고딕 13pt

※ 기타사항
• 쪽 여백 : 왼쪽/오른쪽 20mm, 위쪽(머리말 포함) 25mm, 아래쪽(꼬리말 포함) 25mm
• 줄 간격 : 160%, □ 10pt, ○ 5pt, - 5pt, • 3pt

- 1 -

　미국에서 처음 로드트립을 떠났을 때의 일이다. 콜로라도주(State of Colorado) 덴버(Denver)에서 뉴멕시코주(State of New Mexico) 산타페(Santa Fe)로 이동하는 경로였다. 내비게이션을 켜고 목적지를 입력하자 약 5백 킬로미터 직진이 나와 깜짝 놀랐다. 한국에서 그렇게 운전하면 바다에 빠질 것 같은 거리였다. 이후에도 미국 여러 지역을 로드트립하며 수백에서 수천 킬로미터에 이르는 장거리 운전을 많이 했다. 그때마다 가장 좋았던 점은 탁 트인 시야였다. 파노라마처럼 펼쳐지는 풍경 덕분에 가슴이 후련해지고, 운전의 피로도 눈 녹듯 사라졌다. 보고서도 시원시원해야 좋다.

얼마나 멀리까지 보이는지 가늠하기 어려울 정도로 탁 트인 도로 전경

MZ세대는 왜 보고서 앞에서 멈췄을까

표도 만드는
방식이 있을까

 보고서 본문은 글로만 작성하기도 하고, 표, 그래프, 이미지 등을 활용하기도 한다. 어느 쪽이 더 낫다고 단정할 수는 없으며, 상황에 따라 적절히 선택하면 된다. 다만, 글로만 이루어진 본문이 답답하게 느껴지거나, 제한된 페이지 안에서 많은 정보를 일목요연하게 전달하고자 할 때는 표나 그래프를 활용하는 것이 효과적이다. 시각적으로 보기 좋을 뿐만 아니라, 내용 전달력도 한층 높아진다. 특히, 표가 유용하게 사용되는 경우는 다음과 같이 정리할 수 있다.

구분	표 사용 예시
시계열 데이터 제공	▶ 최근 5년간의 직원 만족도 조사 결과, 최근 3년간의 부채비율 현황 등 ※ 여러 기업의 데이터를 동시에 비교할 때 내용이 복잡하거나 수치 간 변동 폭이 크면, 그래프를 활용하는 것도 좋음
기존/개선 비교	▶ 보고서 작성 우수직원에 대한 인센티브 강화 (기존: 표창, 개선: 국외연수 혜택 추가) 등

연속적인 전개 사항	▶ AI 시스템 도입을 위한 3단계 절차, 기업 비전 달성을 위한 연차별 전략과제 이행계획 등
개선 안별 분석	▶ 보고서 역량 교육 방안(내부 강사 vs 외부 강사 / 필수 vs 선택 / 대면 vs 비대면) 등

■ 표 활용 방법

이 밖에도 보고서의 초안을 쓴 이후 내용을 표로 정리하면 더 명확하게 전달될 부분이 있는지 검토해서 바꾸는 것이 좋다. 표를 작성할 때는 문서 프로그램에서 기본적으로 만들어지는 것을 좀 더 깔끔하고, 내용이 잘 전달될 수 있도록 조정하도록 한다.

[기본] 표를 다음과 같은 방식으로 작성한다

표 안의 '글자체는 휴먼명조, 중고딕, 맑은 고딕' 등을 사용하고, '글자 크기는 13~14pt'로 한다. 《대통령 보고서》는 휴먼명조 14pt를 추천하고 있다.

① 먼저 표 그리기에서 필요한 만큼의 행과 열을 설정한다.

② 표 전체를 선택한 뒤 좌우 테두리 선을 제거한다. 남겨 두어도 무방하지만, 제거하면 더 개방감 있는 느낌을 줄 수 있다.

③ 제목 행을 선택한 후, 하단 테두리를 이중선으로 변경하고 연한 음영(회색, 파란색 등)을 적용한다.

④ 표 안 여백을 선택하여 좌우 여백을 각각 1.8mm에서 0.5mm 또는 필요에 따라 0.3mm로 조정한다.

⑤ 선택한 글자체와 글자 크기로 내용을 작성하고, 제목 줄은 볼드
   체로 지정한다.

[확장] 표 내용이 깔끔하게 보이도록
구분 표시, 장평과 자간, 줄 간격, 정렬 등을 적절히 활용한다

① 표 안에 내용을 작성할 때는 항목 구분 표시를 활용한다(하이픈 -,
   블릿 기호 ▶ ■ 등).
② 표 안에 써야 할 글자가 많은 경우, 장평과 자간을 줄이는 방법도
   있다. 다만, 장평 90%, 자간 -10% 이하로 조절하지 않도록 주의
   한다.
※ 내용을 정렬할 때는 글자 '양쪽 정렬, 왼쪽 정렬, 가운데 정렬' 중
   상황에 맞는 방식을 선택한다.
③ 표 안의 줄 간격은 130~140% 정도로 지정한다.
④ Ctrl + Shift + Tab을 사용해 글자를 정렬하고, 행과 열 너비의 균
   형을 맞춘다.

표 작성 예시

구분	내부 전문가 강의	외부 전문가 강의
방안	▶ 사내 보고서 경진대회를 실시하여 보고서 우수직원 2~3명 선정	▶ 보고서 전문업체 A 기업의 강사 중 2~3명 선정(경력, 교육생 만족도 등을 고려)
장점	▶ 높은 사내 보고서 이해도, 낮은 강사료	▶ 즉시 강의 개설 가능, 검증된 강의 실력
단점	▶ 강의 준비기간 필요, 강사 업무 부담 가중	▶ 이론 중심의 보고서 강의, 높은 강사료

미국 시카고(Chicago)는 볼거리와 즐길 거리로 가득하다. 대표적으로 밀레니엄 파크의 클라우드 게이트(Cloud Gate, 흔히 '시카고 빈(The Bean)'이라 불림), 시카고 미술관, 두툼한 시카고 피자 등이 있다. 특히 1871년 발생한 시카고 대화재는 도시의 아픈 상처였지만, 이를 계기로 도시 계획과 건축 기술이 발전하며 세계적인 건축의 도시로 발돋움하게 했다. 아키텍처 투어(Architecture Tour) 보트를 타고 시카고 강 위를 지나며, 세계적인 수변 관광지와 협곡처럼 줄지어 선 마천루들을 보고 있노라면, 대자연과는 또 다른 감동이 밀려온다. 어수선했던 것이 깔끔하게 정리되어 있을 때 느끼는 희열과 비슷한 감정도 함께 경험할 수 있다. 보고서 작성 역시 마찬가지다. 좋은 보고서는 끊임없는 정리와 구조화의 힘으로 만들어진다.

보트를 타고 바라본 시카고의 마천루 전경

MZ세대는 왜 보고서 앞에서 멈췄을까

중요한 내용을
눈에 잘 띄게 할 수 있을까

보고서를 구상하고 자료를 정성껏 수집해 초안을 작성했음에도, 전체적으로 밋밋하게 느껴질 때가 있다. 그렇다고 뚜렷하게 무엇이 문제라고 지적하기에도 애매하다. 흔히 나타나는 문제는 보고서의 시작점과 흐름이 명확하지 않고, 어디에 집중해야 할지 모호하며, 작성자가 전달하고자 하는 핵심 메시지가 한눈에 들어오지 않는 경우다.

상급자는 보고서를 읽고 바로 핵심을 파악하고자 한다. 그런데 보고서가 강약 조절 없이 단조롭게 이어지면, 마치 지루한 연설처럼 독자가 스스로 중요한 내용을 찾아야 하는 상황이 된다. 보고서는 중요한 내용이 잘 드러나도록 강약을 조절해야 한다. 지나치게 강하면 읽는 사람이 피로해지고, 지나치게 약하면 지루함을 느끼게 된다.

[기본] 문장의 중요한 부분을 볼드(진하게),
글자 색, 밑줄, 음영, 특수문자 등을 활용하여 강조한다

① 가장 많이 사용되고 무난한 것은 '볼드'이다. 핵심 단어만 설정하는 방법과 강조하고 싶은 문구 전체를 설정하는 방법이 있다. 개인적으로는 후자를 선호한다. 단어만 설정하면 끊어지는 느낌이 든다. 다만, 문구 전체를 설정할 때는 분량 조절을 잘해야 한다.

  - 특수 표기인 □ 와 ○에서 모두 볼드를 사용할 수 있다. 하지만, 너무 많아 보인다면 □에만 볼드를 적용하고, ○에서는 볼드를 빼서 보고서의 깔끔함을 높이는 것도 좋은 방법이다.

② 글자 색을 눈에 띄는 색깔(파란색 등)로 바꿀 수 있다. 다만, 빨간색은 지양하도록 한다.

③ 밑줄긋기는 꼭 필요할 때만 쓴다. 어릴 적부터 중요한 부분에 밑줄을 그으라고 배웠지만, 보고서에서는 피하는 것이 좋다. 밑줄이 들어가면 해당 내용만 지나치게 눈에 띄기 쉽고, 너무 많이 사용하면 보고서가 복잡해져 가독성이 떨어진다. 반대로 말하면, 정말 이것만큼은 꼭 기억해야 할 사항이라고 생각될 때 밑줄긋기를 쓴다.

④ 음영 색은 연한 회색이나 파란색 등 무난한 색을 사용한다. 볼드와 함께 쓰는 경우가 많은데 한 페이지에 한두 번 정도로 제한하는 것이 좋다. 모든 페이지마다 중요한 내용을 음영으로 강조해야 한다는 생각은 버리고, 정말 필요할 때만 사용하는 관점으로 접근하자. 또한, 음영은 볼드보다 더 중요한 내용을 강조할 때 사용하는 것이 바람직하다.

MZ세대는 왜 보고서 앞에서 멈췄을까

⑤ 그 외 특수 표기 ☆ ◇ ☞ 등을 협조 요청 또는 부탁 등의 사항으로 쓰기도 한다.

TIP. 강조는 아껴 쓸 때 더 힘을 발휘한다는 점을 생각하자. 보고받는 사람의 집중력을 떨어뜨리지 않도록 적당히 활용해야 한다.

[확장] 문장 앞에 ( ) 길라잡이 문구를 넣어, 전체적인 맥락 이해와 중요 사항을 파악할 수 있도록 한다

① ( ) 안의 글자 수는 너무 많아지지 않도록 한다. 4~5글자 이내가 적당하며, ( )마다 글자 수가 다를 경우 적은 쪽 단어 사이에 간격을 벌려 위아래 균형을 맞추기도 한다.
② ( )를 너무 많이 사용하면 오히려 집중력을 떨어뜨릴 수 있다. □에서 사용하였을 경우, ○ 에서는 사용을 피하고 꼭 필요할 때만 쓴다.
③ ( )를 사용하고 통상 이를 볼드로 강조하는데, 사소한 차이지만 ( )까지 볼드로 할지 안의 내용만 할지가 있다. 개인 차이지만, 인쇄 시에는 ( )를 제외하고 내용만 볼드로 하는 것이 더 깔끔해 보인다.
④ ( )를 앞서 사용했다면 다시 쓸 때 통일성을 고려해야 한다. 예를 들어 어떤 제안을 함에 있어 첫 번째 사항에 대해 (현황) – (문제점) – (건의안)을 썼다면, 두 번째 사항에서도 (현황) – (문제점) – (건의안)을 유지하도록 한다. 물론, 전혀 다른 내용이 전개된다면 그에 맞

취 수정해야 한다.

기획재정부에서 발표한 〈2025년 경제정책방향〉의 내용을 보면, 앞의 사항들이 상황에 맞게 활용되었음을 알 수 있다. 기획재정부 홈페이지 보도·참고 자료(https://www.moef.go.kr/)에서 매년 발표되었던 경제정책 방향도 확인할 수 있다.

〈2025년 경제정책방향〉에서 내용을 강조한 사례들

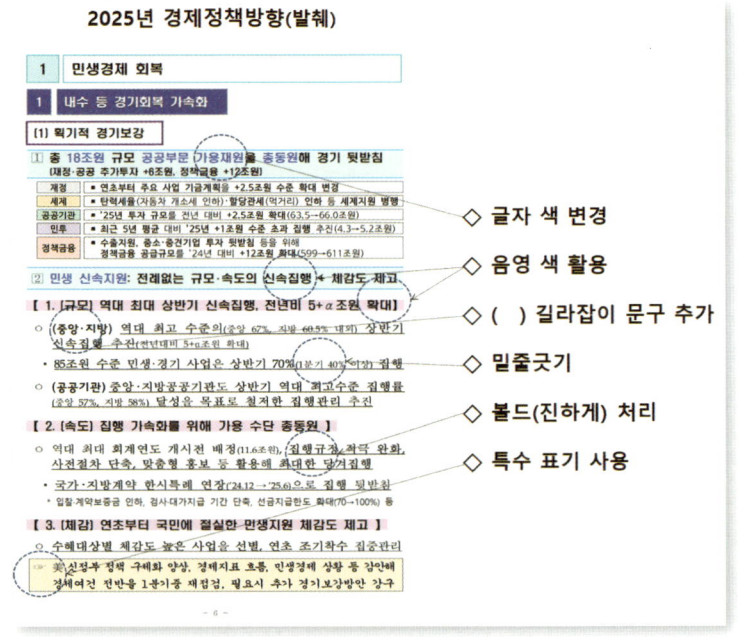

MZ세대는 왜 보고서 앞에서 멈췄을까

미국 유학 중 주말을 이용해 사우스다코타주(State of South Dakota)를 다녀온 적이 있다. 미국인들조차 볼 것이 별로 없는 지역인데 굳이 갈 필요가 있냐며 말렸지만, 책에서만 접했던 러시모어산 국립기념지(Mount Rushmore National Memorial)와 크레이지 호스(Crazy Horse)를 한 번쯤 직접 보고 싶었다.

미국 대통령 네 명(조지 워싱턴, 토머스 제퍼슨, 에이브러햄 링컨, 시어도어 루스벨트)의 조각상이 있는 러시모어는 대공황 시기인 1930년대 국민에게 미국의 위대함을 상기시킬 목적도 있었지만, 그다지 볼 것 없는 주의 관광 산업을 살리고자 만든 것이기도 했다. 인디언 영웅의 조각상인 크레이지 호스는 러시모어에 대응해 만들어지고 있었다.

이들을 보며 주변에 내세울 만한 게 없는 것을 한탄하지 않고, 내세울 만한 것을 만들어 사람들에게 알리고자 한 정신에 감탄했던 기억이 난다. 보고서 역시 먼저 알아봐 주기를 바라지 말고, 강조할 사항을 만들고 부각해야 한다.

러시모어 조각상(왼쪽)과
크레이지 호스 조각상(오른쪽, 언젠가 아래의 모형처럼 완성된다면 다시 방문해 보고 싶다.)

소셜 미디어가 일상화되며 사람들은 자신의 멋진 모습을 다른 이에게 보여주기 위해 많은 투자를 한다. 바디 프로필(Body Profile)도 그중의 하나다. 초기에는 보디빌딩 선수나 헬스 트레이너들의 전유물이었으나, 요즘은 일반인도 자기 관리에 관심이 높아져 촬영이 늘어나는 추세다.

바디 프로필은 몸매를 중심으로 찍는 사진이기에 비율이 무엇보다 중요하다. 근육을 열심히 만들어도 비율이 좋지 않으면, 찬사를 받기 어렵다. 반대로 비율이 좋으면 다른 부분이 조금 부족해도 좋은 평가를 받을 수 있다.

보고서도 마찬가지이다. 데이터를 꼼꼼히 수집하고 분석해서(운동하고), 자신만의 논리와 스토리로 작성하고(근육을 만들고), 상급자에게 보고했는데(카메라 앞에 섰는데), 비중 관리에 실패하면(비율이 좋지 않으면), 상급자가 곱게 보지 않는다(사진이 예쁘게 나오지 않는다). 예를 들어, 검토 배경을 장황하게 늘어놓고, 정작 핵심인 현황 분석이나 대응 방안을 스치듯 지나간다면 상급자의 반응은 뻔하다.

[기본] 보고서의 유형(제도 개선, 현안 대응, 정책 제안, 행사 계획 등)을 정확히 파악하고, 핵심 부문에 높은 비중을 둔다

① 제도 개선 등의 보고서로 서론(현황)-본론(문제점)-결론(개선안) 구성이라면, '3-4-3, 2-4-4, 2-3-5'와 같은 비중 배분이 적절하다. 이때 문제점이 심각해서 깊이 있게 다룬다면 그쪽 비중을, 개선안을 설득하고 싶다면 그쪽 비중을 높이면 된다.

② 현안 대응 등 보고서로 기(검토 배경)-승(현황 진단)-전(대응 방안)-결(향후 계획) 구성이라면, '2-3-4-1, 2-3-3-2, 1-3-4-2'와 같은 비중 배분이 적절하다. 중요한 현황 진단과 대응 방안을 지나치게 축소해 논리 전개가 약해지지 않도록 해야 한다. 문제점을 뚜렷하게 파악하지 못한 채 대략적인 대응 방안을 제시했거나, 문제점을 명확히 도출하고도 대응 아이디어가 부족했던 것으로 느낌을 줄 수 있기 때문이다.

    - 추진 시 다양한 장애 요인이나 협업 대상의 난관이 있다면, 향후 계획 부분의 비중을 확대한다.

③ 정책 제안 등 보고서로 제안(과제)들이 수평적 관계에 있는 경우, 동일 비중을 두는 것이 바람직하다. 예를 들어 한 페이지에 세 가지 제

안을 담는다면, 제목 줄과 상단 요약 글 상자(선택 사항)를 제외한 지면을 각각 1/3씩 배분한다. 제안 간 비중이 지나치게 달라지면, 소규모 제안은 마치 끼워 넣은 듯한 인상을 줄 수 있다.

④ 행사(회의) 계획 등 보고서는 개요 작성(5W1H[5] 중심)과 세부 시간 계획을 '4-6, 5-5' 수준으로 제시하면 된다.

⑤ 기대효과 등이 추가되어 다섯 개 이상의 구성 항목이 필요할 때도 있다. 결국 중요한 것은 무엇이 문제이며, 이를 어떻게 해결할 것인가를 구체적으로 제시하는 것이다. 이에 집중하다 보면 비중이 자연스럽게 맞춰진다.

[확장] 넘치면 덜어내고, 부족하면 보충하여 보고서 페이지가 비어 있지 않도록 한다

업무 수행 중 한두 페이지 분량의 보고서를 작성할 때, 꼭 필요한 사항을 모두 포함하다 보면 페이지가 넘어갈 수 있다. 이 경우 그대로 두어서는 안 된다.

① 한 페이지가 조금 초과하는 분량인데 내용에 불필요한 게 보이지 않는다면, 덜어내는 노력보다는 줄 간격을 줄이거나 특수문자(□, ○ 등) 위의 pt를 조정해서 한 페이지로 맞춰보자. 단, 너무 빽빽하게 만들어서는 안 된다. 그래도 안 되면 페이지 여백을 줄여 본다.

　※ 줄 간격을 140% 미만으로 설정(문단 위아래 0pt)하면, 보고서

5　Who(누가), When(언제), Where(어디서), What(무엇을), How(어떻게), Why(왜)

MZ세대는 왜 보고서 앞에서 멈췄을까

가 전반적으로 답답해 보일 수 있다.

② 위의 방법으로도 한 페이지로 조정되지 않고, 내용도 모두 필요해 덜어내기가 부담될 때가 있다. 이때 특수 표기(□)가 두 줄로 작성되었다면, 모두 한 줄로 통일해서 공간을 확보한다.

③ 그럼에도, 한 페이지로 맞추지 못한다면 내용에서 중요도가 낮은 순서대로 삭제하거나 참고 자료로 전환한다.

④ 한 페이지 반 이상 분량이지만, 내용이 모두 중요하여 삭제할 사항이 없는 때가 있다. 이때는 표로 자세히 설명할 만한 내용이 있는지 확인하여 표로 제시한다. 더불어, 본문에서 세부 정보가 있으면 좋은 사항에 별표(*)를 추가하여 내용을 더욱 견고하게 만들면서 빈틈 없이 두 페이지를 작성한다.

※ 표는 안 여백을 넓히는 등의 방식으로 페이지 분량을 조절할 수 있어 활용도가 높다.

⑤ 페이지가 넘어갈 때는 소제목의 내용을 가능한 한 해당 페이지에서 마무리하고, 다음 페이지는 새로운 소제목으로 시작하는 것이 좋다.

필수 사항만 담았다고 생각해도, 초안 수준의 보고서에는 종종 불필요한 정보나 수식어가 군데군데 남아 있다. 이미 작성한 내용을 고치는 과정은 작성자에게 고통스러울 수밖에 없으며, 원래 내용을 최대한 살리고 싶다는 유혹이 따른다. 그러나, 이를 이겨내고 핵심 내용을 누락 하지 않으면서도 페이지 분량을 적절히 맞추는 연습을 한다면, 보고서 작성 역량은 한층 더 업그레이드될 것이다.

인생은
로드트립

미국 캘리포니아주(State of California)를 여행하며 기대 그 이상이었던 곳이 요세미티 국립공원(Yosemite National Park)이었다. 입구부터 펼쳐진 장대한 풍광, 계곡 입구의 브라이덜베일 폭포(Bridalveil Fall), 암벽 등반의 명소인 엘 캐피탄(El Capitan), 높이가 7백 미터가 넘는 삼 단 폭포인 요세미티 폭포(Yosemite Falls)까지, 모든 것이 감동의 수치를 끌어올렸다. 특히, 요세미티의 상징물이자 노스페이스 로고의 모티브가 된 하프 돔(Half Dome)을 글레이셔 포인트(Glacier Point)에서 바라보는 순간, 클라이맥스에 다다른 듯한 압도적인 장관을 경험할 수 있었다. 하나하나가 자신만의 비중을 책임진 느낌이었으며, 구성과 배치도 완벽에 가까웠다. 보고서도 이와 같아야 한다.

입구(왼쪽 위)부터, 엘 캐피탄(왼쪽 아래), 요세미티 폭포(오른쪽 위),
하프 돔(오른쪽 아래)까지 매력 넘치는 요세미티

MZ세대는 왜 보고서 앞에서 멈췄을까

제목과 배경은
어떻게 작성해야 할까

기본적인 보고서의 틀을 이해했다면, 제목부터 본문, 참고 자료까지 차근차근 작성하면 된다. 보고서에서 상급자와 작성자가 첨예하게 부딪히는 곳은 대응 방안 수립, 시사점 도출, 추진 결과 등이며, 잘 쓴 보고서도 상급자와 생각이 달라 수정해야 하는 때가 많다. 이처럼 난관이 멀리 예고된 상황에서, 제목이나 검토 배경 단계에서부터 흔들려 작성이 반려되는 최악의 상황은 반드시 피해야 한다.

[기본] ① 제목은 핵심 메시지를 담고,
② 검토 배경에서는 작성 이유와 다루는 대상을 구체화한다

①-1 핵심 주제를 쓰고, 성격과 목적도 반영한다.

①-2 대상, 범위 등을 최대한 명확히 한다.

①-3 간결하고 직관적으로 조정한다. 너무 긴 제목은 가독성이 떨어지며 15~25자 정도를 권장한다.

– 불필요한 조사, 수식어, 중복 표현은 제거한다. 전문 용어 또는 약어를 사용할 때는 풀어서 표기하되, 사회적으로 널리 통용되는 약어는 상황을 보며 사용한다.

①-4 제목을 간결하게 하고, 부제로 자세한 설명을 할 수도 있다.

    ※ 독자(내부/외부, 정부, 언론 등)의 관점을 고려하여 톤을 조절하며, 상황에 따라 의도적으로 제목을 두루뭉술하게 작성하기도 한다.

상기 사항을 다음 예시와 같이 반영하면 된다.

구분	반영 전	반영 후
①-1	효율적인 AI 전력관리 시스템 도입에 관한 보고서	효율적인 AI 전력관리 시스템 도입에 관한 성과(또는 계획, 분석, 평가) 보고서
①-2	효율적인 AI 전력관리 시스템 도입에 관한 성과 보고서	2025년 전사 대상 효율적인 AI 전력관리 시스템 도입에 관한 성과 보고서
①-3	2025년 전사 대상 효율적인 AI 전력관리 시스템 도입에 관한 성과 보고서	'25년 전사 AI 전력관리 시스템 도입 성과 보고
①-4	전력관리 디지털 전환 성과 보고	전력관리 디지털 전환 성과 보고 -'25년 전사 AI 전력관리 시스템 도입을 통한 900억 원 원가 절감-

■ 제목 작성 방법

②-1 문제 상황 또는 이슈를 간결히 설명하고, 작성 필요성을 제시한다.

②-2 검토 대상 및 범위를 명확히 한다.

②-3 관련 정책이나 전략과 연계하여 설득력을 높인다.

상기 사항을 따른 예시는 다음과 같다.

구분	예시
②-1	▶ 에너지 비용 급등(최근 3년간 전력요금 60% 이상 인상)과 설비 노후화(20년 이상 시설 비중 36%) 문제 발생 ▶ 이를 극복하고자 '25년 1월 전사 설비 운영관리에 AI 전력관리 시스템을 도입하여 에너지 사용 최적화 등 추진 ▶ 도입 후 10개월이 경과함에 따라, 실제 성과를 객관적으로 검증할 필요성 제기
②-2	▶ 전국 80개 사업장을 대상으로 '25년 1월~10월 AI 전력관리 도입 효과를 분석
②-3	▶ 정부 정책 이행 및 사내 디지털 전환 전략 보완과 연계되어 장기적 사업 경쟁력 강화에 기여 가능

■ 배경 작성 방법

[확장] 반복을 피하고, 시간의 흐름을 지킨다

① 제목이 배경이나 본문 등에 똑같이 쓰이지 않도록 한다.

② 검토 배경을 시간 순서대로 작성하도록 한다. 과거, 현재, 미래가 뒤섞여서는 안 된다.

③ 배경과 목적은 구분하여 생각한다. 배경은 보고서를 작성하는 전제 상황과 이유이고, 목적은 목표와 방향이다. 다만, 보고서 작성 시 배경과 목적을 함께 묶어 작성하기도 하므로 상황에 따라 유연

하게 대응하면 된다. 목적의 예시는 다음과 같다.

구분	예시
기본	▸ AI 전력관리 시스템의 도입 효과를 전력 사용량, 비용 절감률 등 핵심 성과지표(KPI)를 기준으로 정량·정성 평가하여 성과를 검증하고, 그 결과를 토대로 시스템 도입 부서 및 우수 운영 부서에 인센티브를 부여
추가	▸ 향후 시스템 개선 방안 마련과 함께 유사 시스템의 타 분야 도입 여부를 결정하는 데 필요한 자료를 제공

■ 목적 작성 방법

　　미국에서 살다 보면 한식이나 아시아 음식이 그리워질 때가 많다. 집에서는 마트에서 재료를 사 와서 해 먹으면 되지만, 여행 중에는 대도시를 제외하고는 식당 찾기가 쉽지 않다.

　　미국 역사를 따라가는 여행에서 노스캐롤라이나주(State of North Carolina) 빌트모어 대저택(Biltmore Estate)[6]을 보고, 흑인 노예의 힘들었던 삶을 엿볼 수 있는 사우스캐롤라이나주(State of South Carolina) 분 홀 플랜테이션(Boone Hall Plantation)까지 가야 했다. 장거리 여행으로 미국 음식에 질려 따끈한 국물이 간절했다. 내비게이션을 검색해 가는 경로에 이름이 Pho(베트남 쌀국수)인 식당을 찾았고, 너무 기뻐하며 아침에 오픈하자마자 들어섰는데 메뉴판을 보는 순간 당황스러웠다. 쌀국수는 없고, 스테이크, 햄버거, 스크램블드에그 등만 있는 게 아닌가. 민망해하며 종업원에게 쌀국수는 없는지 물어보니 가게 이름이 Pho이긴 한데, 쌀국수 가게가 아

6　19세기 산업혁명 시기에 철도와 해운업으로 막대한 부를 축적한 반더빌트가(The Vanderbilt family)가 소유한 건물이다.

니라는 것이었다.

아차 싶었지만, 이미 자리에 앉아서 어쩔 수 없이 음식을 시켜 먹었다. 그나마 그동안 미국 식당에서 먹어본 음식 중 손꼽힐 만큼 맛있다는 점에서 위안을 삼았다. 후기를 꼼꼼히 확인 안 한 필자의 잘못이 크겠지만, 이름을 오해 없게 했어야지 하는 원망도 살짝 들었다. 필자와 같은 방문자가 많았던지, 지금은 식당 이름이 바뀌었다. 보고서의 제목 역시 누가 봐도 오해가 없도록 써야 할 것이다.

웅장한 빌트모어 대저택(왼쪽)과 영화 노트북에 나온 분 홀 플랜테이션 떡갈나무 길(오른쪽)

의사결정권자가
선호하는 해결책이 있을까

현안을 해소하거나, 문제가 있는 제도를 개선하거나, 사업을 기획하거나 할 때 기업의 의사결정권자가 가장 관심을 두는 것은 단연 해결책이다. 직면한 상황을 어떻게 극복하고, 좋은 방향으로 전환할 수 있을지가 그들의 일상적인 고민이기 때문이다. 따라서 의사결정권자가 만족할 만한 답변을 제공하는 보고서는 자연스럽게 높은 평가를 받는다. 의사결정권자가 선호하는 해결책을 알아보자.

[기본] 현황을 정확히 진단하고, 아이디어를 수집하며, 상황에 맞는 최적의 해결책을 찾아 제시하는 것이다

① 다양한 tool이 존재한다. SWOT 분석, PEST 분석, 브레인스토밍

(brainstorming), 인터뷰, 설문조사, 전문가 자문, 타 기업 사례 조사[7] 등을 통해 신뢰감 있게 현황을 진단하고 아이디어를 확보한다. 여기에 보고서 작성자의 창의적 생각까지 더해진다면 더욱 완성도가 높아진다. 설마 이렇게 하지 않는 경우가 있을까 싶겠지만, 원칙을 지키지 않고 개인 아이디어만으로 보고서를 작성하거나 오래된 데이터를 활용하는 경우가 의외로 많다.

② 해결책에 있어 잠정적 선택 없이 상사에게 '어찌하시겠습니까?' 할 때는 지적받을 확률이 높다. 상사의 성격이나 의중을 알 경우, 해당 사항에 논리를 맞춘다. 모를 때에는 스스로 판단하여 잠정(안)을 명확히 한다. 혹시 의견이 달라 지적받을 수는 있겠지만, 아예 제안이 없는 것보다는 좋은 선택이다.

③ 상황에 따라 해결책을 제시하는 유형도 적절하게 결정해야 한다. 몇 가지 예시를 보자.

구분	예시
핵심 해결책 + 지원 수준 추가 방안 제시	▸ 사업 수익성 악화를 진단한 결과, 주요 원가(인건비, 전력료)가 급등한 상황 ☞ 생산 프로세스의 단계적 디지털 전환(AI 등)을 통한 인건비 및 전력료 감축 방안을 제시하고, 불요불급한 경비 항목 발굴 및 축소, 원가절감 아이디어 공모전 등을 실시
다방면의 수평적 해결책 제시	▸ 사업 수익성 악화를 진단한 결과, 마케팅 부진으로 매출이 감소한 상황 ☞ 마케팅 전략 재수립, 전문조직 신설, 투자 확대, 최신 트렌드에 맞는 전문가 영입, 내부 교육 시행 등을 제시
여러 방안 중 장단점을 비교하여 해결책 선택	▸ 원가 절감에 더 적극적으로 참여하도록 전 부서를 독려해야 하는 상황 ☞ 원가 절감 실적을 부서 평가에 활용하는 데 있어, 일괄적으로 추가 목표를 부여하는 방안(강제적)과 기존 목표 초과 달성 시 가점을 부여하는 방안(자율적)을 제시 ※ 장단점을 비교했다고 해서 반드시 하나만 선택하는 것은 아니며, 상황에 따라 모든 방안을 시행할 수도 있음

■ 해결책 제시 유형

---

7   다수의 책자와 인터넷 자료에서 분석 기법에 대한 전문적인 설명을 제공하고 있으므로, 여기서는 자세히 다루지 않는다.

④ 제시한 해결책이 동시 진행 가능한지, 아니면 시기가 다른 순차적 진행이 필요한지, 또한 앞선 사항이 완료되어야 후속 사항이 실행될 수 있는지도 반드시 포함해야 한다.

[확장] 해결책은 현실적이어야 하고, 복잡하지 않아야 하며, 지속 가능해야 한다

① 외부 요인의 영향을 크게 받아 통제하기 어려운 해결책을 제시해서는 안 된다. 즉, 현실적으로 실현 가능해야 하며, 단순한 의지만으로는 부족하다.

② 지나치게 복잡한 해결책은 예기치 못한 문제를 유발할 수 있다. 보고서 작성자는 여러 상황을 가정해 정교한 대응 방안을 만들고자 한다. 자신의 고민과 노력이 문제를 해소할 수 있다는 점을 강조하고 싶기 때문이다. 완벽하게 작동한다면 괜찮겠지만, 많은 이해관계가 얽힌 조직에서는 예기치 못한 변수가 항상 존재한다.

모건 하우절은 《불변의 법칙》에서 이렇게 말한다. "필요 이상으로 복잡하고 어려워서 좋을 것은 없다. 복잡한 것에 지나치게 끌리고 지나치게 힘을 쏟을 수는 있다. 하지만 큰 역효과가 날 수도 있다."

MZ세대는 왜 보고서 앞에서 멈췄을까

[함께 고민해 보기] 승진과 관련한 공정성을 확보하기 위해 보고서 작성 시험을 시행한다고 가정해 보자. 이때 보고서의 양식부터 내용까지 평가할 명확한 기준이 필요하다. 하지만, 공정성을 강조해 기준을 지나치게 세세하게 계량화하면, 득점 포인트는 모두 챙겼지만, 전체적인 방향이 잘못된 보고서가 나올 수 있다. 반대로 일부 키워드를 놓쳤더라도, 전체적으로 잘 정리된 보고서가 있다면 계량화된 기준만으로는 이를 제대로 평가하기 어렵다. 이를 해결하고자 평가자에게 일부 비계량적 평가 권한을 부여하면, 공정성 논란이 있을 거라고 우려한다. 과연 어떻게 접근하는 것이 좋을까?

----

③ 해결책은 단기적인 임시방편이 되어서는 안 된다. 문제를 근본적으로 해결하고, 지속 가능해야 한다. 해결책을 시행했을 때 문제가 어떻게 변화할지 기대효과를 구체적으로 계산(예측)해 보고, 이를 점검할 수 있는 성과지표도 마련해야 한다.

자체 노력으로 실행할 수 있고, 복잡하지 않아 이해하기 쉬우면서 예기치 못한 상황에 유연하게 대응할 수 있는 해결책을 만드는 데 주력해 보자. 먼저, 해결책이 간단해 보여 의사결정권자가 본인의 노력을 과소평가하지 않을까 하는 우려에서 벗어나야 한다.

미국에서 텍사스주(State of Texas)의 뜨거운 열기를 뚫고 샌 안토니오(San Antonio)에 방문한 적이 있다. 도시의 이름에서 짐작할 수 있듯, 18세기 초 스페인에 의해 건설되었고 이후 멕시코의 영토가 되기도 했다. 역사적으로 오래된 도시이기도 했지만, 샌 안토니오의 리버 워크(River Walk)가 청계천 복원 사업의 모티브가 되었다는 얘기를 들어 더욱 관심이 가는 곳이었다.

먼 길을 달려 도착해 붉은빛의 텍사스에 흐르는 푸른빛의 리버 워크를 직접 보니 훌륭하다는 평가가 저절로 나왔다. 또한, 서울의 청계천도 여기와 같이 환경과 사람 모두에게 가치가 있었으면 좋겠다고 생각했다. 사실 그 당시에는 규모로 보나 활용도로 보나 리버 워크가 청계천보다 앞서 보였다. 하지만, 이제는 전 세계인들에게 널리 알려지고 사랑받는 청계천을 보며, 두 사례 모두 환경과 수생태계, 시민들의 힐링을 책임지는 지속 가능한 도시 문제해결책으로 칭찬하고 싶다.

배를 타고 즐길 수 있는 샌 안토니오의 리버 워크

MZ세대는 왜 보고서 앞에서 멈췄을까

보고서를 스스로
점검해 볼 수 있을까

  아무리 보고서 작성에 숙달된 사람이라도, 모든 보고서를 완벽하게 쓰기는 어렵다. 그날그날 컨디션도 다르고, 보고서 유형이 다양해 필요한 모든 요소를 기억하고 시의적절하게 활용하기가 쉽지 않기 때문이다. 다행히 기본적인 형식은 몸에 배어 큰 실수를 피할 수 있지만, 내용은 항상 점검하는 습관이 필요하다.

  보고서를 제대로 작성했는지 확인하기 위한 기본적인 점검 방안이 있어야 한다. 본인이 자주 쓰는 보고서 유형에 맞춘 자신만의 체크리스트가 있다면 최상급자 수준이라 할 수 있지만, 그렇지 않다면 범용적인 것을 활용해도 충분하다. 실제로, 2007년 발간된《대통령 보고서》의 체크리스트는 시간이 많이 흘렀음에도 여전히 유용하다. 필자 역시 이를 참고해 아래와 같이 나만의 체크리스트를 만들어 사용하고 있다.

현안 대응, 제도 개선 등 보고서에 활용할 수 있는 체크리스트(안)

※ 필요한 사항들만 선택하여 활용한다.

구분	확인 필요 사항	체크
제목	▶ 보고서의 핵심 주제, 문제의식, 목표 등을 파악할 수 있는가?	
검토 배경	▶ 추진 배경 및 보고 목적이 명확히 서술되었는가? ▶ 그간의 진행 경과가 있다면 잘 정리되어 있는가?	
현황 진단	▶ 문제의 현황과 실태는 무엇이며, 어떻게 파악하였는가? ▶ 문제의 원인은 무엇이며, 어떻게 파악하였는가? ▶ 이를 파악하는 데 사용한 데이터, 방법 등을 선택한 이유는 무엇인가? ▶ 파악하는 과정에서 얻은 인사이트가 있는가? ▶ 지금까지 회사는 어떻게 대응해 왔고, 그 이유와 효과는 무엇인가? ▶ 국내외 유사사례 등 참고 자료를 충분히 확보하고 분석하여 제시하였는가?	
대응 방안	▶ 문제를 해결하기 위한 대응 방안들을 제시하고 있는가? ▶ 대응 방안들을 어떻게 도출했는지 설명하고 있는가? ▶ 이해관계자가 있다면, 충분히 의견을 수렴하였는가? ▶ 대응 방안별 장단점과 쟁점 사항을 구체적으로 기술하였는가? ▶ 대응 방안 중 최적 안을 제시하고 있으며, 주장은 설득력이 있는가? ▶ 대응 방안이 현실적으로 실행 가능한가, 통제 불가능한 사항이 있는가? ▶ 대응 방안 실행에 따라 영향을 받는 대상은 누구인가? ▶ 대응 방안 실행 시 기대효과가 제시되었으며, 지속 가능한가?	
향후 계획	▶ 향후 추진 일정 또는 계획이 구체적으로 제시되었는가? ▶ 필요한 인적·물적 자원 확보 방법은 포함하였는가? ▶ 대내외 홍보가 필요할 경우, 그 방법이 제시되었는가? ▶ 대응 방안 이행에 대한 점검 및 성과모니터링 방안이 있는가?	
건의 사항	▶ 의사결정권자에게 건의 또는 제안하고 싶은 사항이 포함되었는가?	
기타 사항	▶ 내용이 산만하지 않고 간결하며 명료하게 작성되었는가? ▶ 한 문장을 2줄(최대 3줄) 이내로 작성하였는가? ▶ 문제 해결 방법을 창의적인 관점에서 찾으려 시도하였는가? ▶ 내용을 더 효과적으로 전달할 수 있는 표나 그래프 등은 없었는가?	

MZ세대는 왜 보고서 앞에서 멈췄을까

회의·행사 계획서 등 보고서에 활용할 수 있는 체크리스트(안)

※ 필요한 사항들만 선택하여 활용한다.

구분	확인 필요 사항	체크
기본 사항	▶ 회의 성격에 부합하는 안건인가? ▶ 회의 일시, 주재자, 참석 대상자가 적정한가? ▶ 회의 주재자의 일정에 반영하고, 참석 대상자에게 사전에 공지하였는가? ▶ 주제에 맞게 회의 자료가 작성되었는가? ▶ 정해진 시간 안에 논의할 수 있는 회의 자료인가?	
회의 개요	▶ 회의 개요(목적, 일시, 장소, 참석 대상자, 회의 주제 등)를 빠짐없이 제시하였는가? ▶ 세부 시간 계획이 적절하게 수립되었는가? ▶ 회의 주재자의 말씀 자료(인사말, 마무리말)를 준비하였는가? - 2페이지 이내, 보고서 형식, 핵심 메시지 부각 등 ▶ 회의 불참자가 있다면 사유를 확인하였는가, 대리 참석자는 누구인가? ▶ 외부 인사가 참석한다면 프로필이 정리되었는가?	
회의 내용	▶ 정보 공유에 필요한 사항이 포함되어 있는가? - 목적(배경), 공유 내용, 향후 활용 방안, 유의 사항(보안 유지) 등 ▶ 의견 수렴 및 의사 결정에 필요한 사항이 포함되어 있는가? - 목적(배경), 보고 내용, 쟁점 사항 및 논거, 이해관계자 의견, 참고 자료 등	
결과 보고	▶ 회의 개요를 빠짐없이 제시하였는가? ▶ 회의 결과를 안건별로 정리하였는가? ▶ 논의 사항 및 결정 사항을 요약하여 정리하였는가? ▶ 이견이 있는 경우, 이를 명시하였는가? ▶ 필요한 조치 사항을 명시하였는가? ▶ 의사결정권자의 당부사항이 있다면 포함하였는가? ▶ 참고 자료(회의 자료, 발언록, 녹취록 등)가 첨부되었는가?	

보고서를 작성할 때마다 체크리스트를 활용하고 확인 사항을 보완하면, 어느 순간 자신만의 멋진 체크리스트가 완성된다. 이는 더 나은 보고서를 작성하는 길을 열어줄 것이다.

뱀파이어와 인간 소녀의 러브 스토리로 책과 영화에서 모두 흥행한 〈트와일라잇(Twilight)〉의 분위기를 느껴보고 싶어 영화 속 배경이었던 워싱턴주(State of Washington)에 있는 작은 마을 포크스(Forks)까지 용기를 내어 찾아갔다. 작지만 몽환적인 분위기를 자아내는 포크스 마을과 라푸시(La Push) 해변 등은 장거리 운전의 피로를 말끔히 털어낼 만큼 신비로웠다.

하지만 들뜬 기분은 잠시 후 자동차 주유 걱정으로 바뀌었다. 미국은 땅이 넓어 조금만 방심해도 차량이 멈출 수 있다. 포크스로 향할 때만 해도 몇백 킬로미터는 달릴 수 있는 연료가 있었기에 주유소 위치를 미처 확인하지 않았다. 그러나, 올림픽 국유림(Olympic National Forest)을 가로지를 때, 끝없이 펼쳐진 숲속에서 연료가 점점 줄어드는 것을 보며 심장이 조여 오는 듯했다. 차가 멈출 지경까지 연료 게이지가 내려갔을 때 저 멀리 보이는 작은 주유소를 보며 살았다고 소리를 질렀다.

많은 로드트립을 통해 주유 문제를 항상 점검했지만, 가장 인적이 드문 깊은 숲속에서 소홀했던 경험은 큰 교훈이 되었다. 뉴스에서 가끔 보도되는 관광객 조난 사고가 허튼소리가 아님을 새삼 깨닫게 된 순간이었다. 보고서도 마찬가지다. 잘 썼다고 안심하지 말고, 체크리스트로 항상 확인해야 낭패를 피할 수 있다.

포크스에서 만난 트와일라잇 포스터(왼쪽)와 진땀 나게 했던 올림픽 국유림(오른쪽)

사소해 보이지만
신경 쓰이는 것들은 무엇일까

보고서를 쓰고 나면 오탈자가 없는지, 시제가 맞는지, 인명·지명·숫자·단위 및 맞춤법이 올바른지, 페이지 번호가 포함되어 있는지 등을 필수적으로 확인한다. 이러한 사항들은 보고서의 신뢰성을 떨어뜨릴 수 있어 작성자가 크게 신경을 쓰기도 하고, 또한 눈에도 잘 띄어서 바로 수정하면 된다.

그런데 실수라고 단정할 수는 없지만, 보고서를 읽는 이에게 묘하게 신경 쓰이게 만드는 것들이 있다. 작성자는 지적받기 전에는 찾기 어렵고, 상급자로서는 지적하는 것이 왠지 트집 잡는 것 같아 조심스럽다. 하지만, 보는 내내 신경 쓰이니 좋은 말이 나오지도 않는다. 따라서 작성자는 지적받기 전에 이러한 것들을 찾아 자연스럽게 보이도록 수정하는 세심함이 필요하다.

[기본] 잘리고, 끊기거나, 답답해지며, 반복되는 상황을 피한다

① 줄 끝에서 단어가 잘리지 않도록 한다.
- 문장이 두세 줄로 이루어질 때, 줄이 바뀌는 상황에서 단어가 잘리지 않도록 해야 한다. 또한, '~에서, ~을 위해, 등' 표현이 줄 바꿈으로 인해 다음 줄로 내려간다면 앞줄로 당겨서 작성한다.
- 앞줄로 당길 때는 글자 자간을 줄이거나 불필요한 수식어를 제거하는 방식으로 한다. 왼쪽 들여쓰기를 이용할 수도 있으나, 보고서를 다 쓰고 난 후 전체적으로 볼 때 균형이 미묘하게 깨져 있는 느낌이 들어 권장하지 않는다.

구분	예시

기존	▶ 신입사원의 보고서 작성 역량 향상을 위해,
	  - 외부 보고서 전문가를 신속히 영입하고, 강의를 개
	    설하는 등 전사 차원의 노력이 필요
	  - 외부 보고서 전문가를 신속히 영입하고, 강의를 개설
	    하는 등 전사 차원의 노력이 필요
	  - 외부 보고서 전문가를 신속히 영입하고, 강의를 개설하는
	    등 전사 차원의 노력이 필요

변경	▶ 신입사원의 보고서 작성 역량 향상을 위해,
	  - 외부 보고서 전문가를 신속히 영입하고, 강의를 개설하는 등
	    전사 차원의 노력이 필요

줄 바꿈 시 유의사항

② 공간이 부족하다고 문장을 지나치게 압축하여 단어만 남아 끊어진 느낌이 들지 않도록 한다.

구분	예시
기존	▸ 신입사원 보고서 작성 역량 향상 위한 <u>외부 보고서 전문가 신속 영입, 강의 개설</u> 등 전사 차원 노력 필요
변경	▸ 신입사원 보고서 역량 향상을 위한 <u>신속한 외부 전문가 영입과 강의 개설</u> 등 전사적 노력이 필요

문장 압축 시 유의사항

③ 글자 장평 및 자간을 너무 줄여 문장이 빽빽해지는 것을 피한다.

　- 글자 포인트가 적절한지, 장평과 자간이 '100, 0'으로 맞춰져 있는지 확인한다. 의외로 자간을 줄인 상태에서 문장을 작성하다가 줄이 넘어가면, 다시 자간을 줄이는 작업을 반복하는 경우가 많다. 이 때문에 글자가 지나치게 답답해 보이는 문제가 발생한다.

　- 장평과 자간이 맞는 상황에서 한두 글자가 넘어가면 자간을 '-1~-5%' 정도 조정해 본다. 이를 넘어설 경우, 불필요한 수식어나 의미 전달에 크게 영향이 없는 단어를 찾아 삭제한다.

　- 반대로 공간이 남는 때는 과하지 않은 수식어를 추가하는 것도 좋은 방법이다.

④ 동일 단어를 반복적으로 사용하지 않는다.

　- '~필요, ~개선, ~ 노력, ~추진, ~바람' 등을 연속적으로 사용해야 할 경우, 고민하여 대체어로 바꾸는 것이 좋다. 시간이 부족하거나 적절한 단어가 떠오르지 않는다면, 인공지능 서비스를 활용하는 방법도 있다.

- 다만, 중요한 의미가 있는 용어는 혼동이 없도록 일관되게 사용해야 한다.

[확장] 미사여구, 전문 용어, 사고나 판단에 대한 용어, 갈등 유발 문구는 지양한다

① 구어체, 미사여구, 확신에 찬 용어들을 주의해서 사용한다.
　- '~때문에, ~이니까, ~생각해서, 멋진, 감동적인, 완벽한' 등의 단어를 회사 보고서에 사용할 경우, 상급자는 보고서가 어색하고 정제되지 못했다고 느낄 수 있다.
② 보고서 내용 전달에 꼭 필요하지 않은 한, 지나치게 학술적이거나 이해하기 어려운 전문 용어는 사용하지 않는다. 부득이 사용 시에는 쉽게 설명하고, 충분한 참고 자료를 제공하여 이해를 돕는다.
③ 사고나 판단과 관련된 단어(논리적, 합리적, 객관적 등)는 상황에 맞는지 확인한 후 사용한다.
　- '논리적(論理的)'은 생각이나 주장이 앞뒤가 맞고 체계적으로 연결된 것을, '합리적(合理的)'은 이성적이고 실용적으로 타당한 판단을 내리는 것을, '객관적(客觀的)'은 개인의 감정이나 주관, 이익을 배제한 사물이나 상황을 있는 그대로 바라보는 것을 의미한다. 상황에 맞더라도 상급자에게 설명이 어렵다고 판단되면 삭제한다.

④ 부정적 용어, 다른 부서의 문제점을 지적하거나 비방하는 등 갈등을 유발할 수 있는 문구는 신중하게 작성한다.

미국 와이오밍주(State of Wyoming)에 있는 그랜드 티턴 국립공원(Grand Teton National Park)은 아름다운 풍경과 인근의 잭슨 홀(Jackson Hole, 세계 경제 전문가들이 참여하는 잭슨 홀 미팅이 열리는 곳)로 유명하다.

경제 뉴스에 자주 등장했던 곳이라 꼭 한 번은 가보고 싶었는데, 한국에서 온 지인과 함께 로드트립을 하며 그 기회를 잡았다. 잭슨 홀과 그랜드 티턴을 돌아본 후 역시 와보길 잘했다고 얘기를 나누던 중, 갑자기 차 앞 유리창으로 돌이 튀어 작게 깨진 자국이 생겼다. 어느 차 때문인지 알아내기도 어려웠고, 설령 안다 해도 영어로 대응할 자신이 없어, 그냥 운이 없던 일로 치고 다음 여행지로 출발했다. 그런데 운전석 전면에 있던 깨진 자국이 시간이 갈수록 눈에 거슬리더니 나중에는 두통이 생길 정도로 신경 쓰였다. 결국 라스베이거스에서 앞 유리창을 교체할 수밖에 없었다. 보고서도 조금만 신경 쓰면 없앨 수 있는 사소한 것을 방치하면, 결국 전체에 부정적인 영향을 준다.

엘크의 뿔로 장식된 잭슨 홀(왼쪽)과 그림 같은 그랜드 티턴 국립공원(오른쪽)

P-D-C-A 방식으로
작성하는 보고서란 무엇일까

직장에서 작성하는 보고서는 대부분 계획(Plan) 단계에 속한다. 이는 문제를 해결하기 위한 대응 방안을 수립하여 향후 추진하겠다는 의미다. 물론 추진 상황을 점검하고 그 결과까지 보고해야 할 때도 있는데, 이 경우 보고서 작성의 난이도는 확연히 달라진다. 후자의 유형에서는 흔히 P-D-C-A(Plan-Do-Check-Act) 방식을 적용하라는 조언을 듣는다. 이 방식은 인터넷이나 여러 매체에서 자주 소개되어 이론적으로는 익숙하지만, 실제 보고서 작성은 또 다른 문제다.

어렵기 때문에 피하고 싶겠지만, 직장 생활은 내 마음대로 되지 않는다. 결국 선임이 되어갈수록 이런 유형의 보고서를 쓸 수밖에 없다. P-D-C-A 보고서가 게임으로 치면 최종 보스급은 아니지만, 최종 같은 중간 보스급은 되는 것 같다.

MZ세대는 왜 보고서 앞에서 멈췄을까

공기업 및 준정부기관들은 "공공기관 운영에 관한 법률"에 따라 정부로부터 매년 경영 성과를 평가받고, 그 결과에 따라 성과급이 결정된다. 기관의 자존심과 성과급이 걸려 있어 치열하게 경쟁하는데, 이때 평가의 기반이 되는 것이 P-D-C-A 방식의 보고서이다. 수많은 공공부문 직원이 경영실적 평가 보고서[8]를 작성할 때마다 힘들어한다. 민간기업에서도 같은 방식의 보고서가 어려운 것은 매한가지이다.

[기본] P-D-C-A는 '지속적인 경영개선을 위해 계획(Plan), 실행(Do), 점검(Check), 개선(Act)의 네 단계를 반복하며 업무나 프로세스를 향상하는 것'이다

P-D-C-A의 내용은 다음과 같으며, 정교하게 맞물려 돌아가는 톱니바퀴를 상상하면 도움이 된다.

구분	세부내용
계획(Plan)	▸ 대내외 여건을 분석하고, 목표를 설정하며, 목표 달성을 위한 구체적 계획을 수립
실행(Do)	▸ 수립된 계획을 인적 물적자원을 활용하여 실행
점검(Check)	▸ 실행 결과가 계획대로 진행되었는지, 목표를 달성했는지 등을 점검하여 성과를 평가하고, 문제점을 도출
개선(Act)	▸ 점검 단계의 성과 평가와 문제점 등을 바탕으로 계획을 수정하거나 새로운 방안을 모색

P-D-C-A 개요

---

8   공공부문 경영실적 평가 보고서는 경영공시 대상이 아니며, 기관에 직접 정보 공개를 요청하면 열람할 수 있다.

입사 초기라면 기본만 이해하고, 확장은 몰라도 된다. 걱정은 직접 써야 하는 연차에 도달했을 때 해도 늦지 않으며, 확장은 그때 다시 읽어보자.

[확장] P-D-C-A 보고서 실전 작성법은 책으로 한 권이 될 정도로 복잡하다

여기서는 P-D-C-A 연결고리를 단단하게 하는 방법만 알아본다. 단계별 체크리스트를 가지고 P-D-C-A 방식의 보고서를 몇 번 점검해 보면, 보는 눈과 함께 작성하는 실력도 높아지게 된다. 다음의 체크리스트를 이해했다면 당신은 보고서의 전문가가 분명하다.

P-D-C-A 보고서 체크리스트(안)

구분	주요 확인 사항

계획
(Plan)
	▸ 성과 목표가 명확하게 설정되었는가, 회사의 전략 등과 일관성이 있는가?
	▸ 성과 목표 달성을 확인할 수 있는 성과 지표가 설정되었는가, 관계성이 있는가?
	  - 성과 지표 풀(Pool)에서 적합성 평가를 통해 설정하였는가, 지표별 우선순위를 확인할 수 있는가?
	  - 성과 지표가 과거와 달라진 경우 그 사유가 명확한가?
	▸ 계량적 지표를 설정하려고 노력하였는가, 비계량적 지표는 최소화하였는가?
	  - 계량 지표의 목표는 도전성이 있는가, 비계량 지표도 어떤 방식으로든 목표를 제시하였는가?
	▸ 지표의 목표 달성을 위한 실행 과제들이 분석 Tool을 통해 도출되었는가, 우선순위를 확인할 수 있는가?
	  - 실행 과제들이 성과 지표 달성에 직접적인 영향을 주는가?
	▸ 과제 실행을 위한 인적·물적 자원의 배분이 적정한가?
	▸ 성과 지표를 모니터링·평가·환류하는 프로세스(시스템)를 갖추고 있는가?
	  - 모니터링 주기는 적정한가, 실적이 부진할 경우 대응하는 프로세스가 있는가?

실행 (Do)	▶ 실행 과제의 추진 실적과 성과가 제시되어 있는가, 과제별 배분 비중은 적정한가? - 유사한 과제들을 범주화하여 보기 좋게 정리하였는가? ▶ 주요 실적을 기존 대비 개선된 방식으로 비교·제시하였는가? ▶ 우수한 실적의 경우, 그 근거(세계적 기업, 국내 우수 기업 비교 등)를 제시하였는가? ▶ 중장기 과제는 과거부터 발전해 온 모습을 체계적으로 보여주었는가? ▶ 과제 추진 과정에서 장애요인이 있었다면, 어떻게 극복하였는지 제시하였는가? ▶ 왜 그렇게 했고(Why), 어떻게 했으며(How), 그래서 어떻다는 것인지(so What) 잘 답변하고 있는가? ▶ 단발성이 아니라 지속 가능한 성과로 보이는가? ▶ 기업에만 유익한 성과인가, 고객도 만족할 만한 성과인가?
점검 (Check)	▶ 성과 지표에서 설정한 목표를 달성하였는가? ▶ 지표별 목표 달성/미달성에 대해 분석하고, 그 결과를 명확히 제시하였는가? ▶ 모니터링, 실적 부진 시 대응 프로세스가 정상적으로 작동하였는가? ▶ 계획된 지표 목표 외에 창의적인 아이디어로 창출한 부가적인 성과가 있는가? ▶ 지표별 목표 달성 추세(3~5년)를 보여주고 있는가?
개선 (Act)	▶ 모니터링을 통해 발견된 문제를 해결하고자 노력하였는가, 성과가 있었는가? ▶ 과거의 P-D-C-A에서 도출된 개선·확산 필요 사항을 이행하였는가? ▶ 외부에서 지적된 문제가 있다면, 이를 해소하였는가? ▶ 실행 결과 우수한 성과는 무엇이며, 향후 어떻게 발전시킬 것인가? ▶ 실행 결과 부족한 성과는 무엇이며, 향후 어떻게 보완할 것인가?

미국에서의 로드트립은 치밀한 계획이 필수적이었다. 매일 장거리를 이동해야 하므로 숙박 예약, 식당 확인, 볼거리 동선 점검 등 모든 과정을 사전에 준비해야 했다. 여행 중 차 고장이나 예기치 못한 상황이 발생하면 숙박과 일정이 모두 엉망이 되므로, 출발 순간부터 계획을 실행하기 위해 매 순간 최선을 다했다.

뉴욕에서 '오페라의 유령'을 감명 깊게 본 뒤, 늦은 체크인과 오버부킹으로 예약한 호텔이 취소되는 바람에, 다음 여행지인 예일대학교(Yale University)가 있는 뉴헤이븐(New Haven)까지 밤새 달려야 했다. 몬태나주(State of Montana) 글레이셔 국립공원(Glacier National Park)에서는 하이라이트인 '고잉 투 더 선 로드(Going-tothe-Sun Road)'가 갑작스러운 기상 악화로 폐쇄되어 길을 찾아 헤매기도 했다. 수많은 장애물을 만났지만, 어떻게든 해결하고 여행을 계속했다. 계획도 잘 세웠지만, 후퇴는 없고 무조건 실행한다는 의지가 마지막 로드트립까지 하루의 지연도 없게 했다.

역경을 이겨내야 성과가 창출된다. 회사 업무도 마찬가지다. 계획(Plan)이 아무리 좋아도 장애물을 넘어 실행(Do)해야만 성과가 창출되고, 다음에는 더 잘하고자 하는 개선(Check & Act)의 자세가 지속 가능한 성과를 만든다. 이러한 모든 과정을 빠짐없이 충실히 담아낼 때 P-D-C-A 보고서는 완성된다.

다시 한번 보고 싶은 오페라의 유령(왼쪽)과 예일 대학교 도서관(오른쪽)

5장

인생은 로드트립이자
또 하나의 보고서다

퇴근 후에도 계속되는 인생 보고서

　지금까지 MZ세대의 보고서 작성에 도움이 되고자 필자의 경험과 노하우를 공유했다. 형식을 따르고, 내용을 정제하며, 의사결정권자의 눈높이에 맞추어 작성하라고 강조했다. 힘든 순간에도 방법을 찾아 버텨내라고도 했다. 회사에서 인정받는 보고서를 작성하는 데 있어 모두 유효한 조언이다. 하지만, 같은 직장인으로서 '인생이라는 보고서'를 쓸 때만큼은 다르게 작성하기를 진심으로 바란다.

인생은 로드트립이다

　재미있고, 힘들고, 감동적이다. 처음에는 무작정 떠나 여기저기 돌아다닌다. 한 번 고생을 겪고 나면 나름의 계획을 세우지만, 여전히 예기치 못한 일들이 생기고 마음대로 되지 않는다. 모든 게 마음 먹은 대로 되면 로드트립이 아니다. 그럼에도, 길을 따라 나아가다 보면 상상하지 못했던 소중한 경험을 하게 되고, 언젠가는 자신을 품어주는 장소로 다시 돌아오게 된다. 되돌아보면 모두 아름다운 추억이다. 그러한 여정을 보고서로 쓸 때는 온갖 제약이 있는 회사 보고서에서 억눌렸던 것들을 그대로 담으면 된다.

형식에 얽매이지 말고, 자유롭게 써라

회사의 보고서는 여백부터 글자체까지 여러 형식을 갖추라고 했지만, 인생의 보고서는 하고 싶은 대로 쓰자.

바쁘게 살아 여백이 없어도 좋고, 아무것도 안 해 여백만 있어도 좋다. 다양한 사회활동에 참여하며 화려한 글자체로 써도 좋고, 가족과 함께 또는 홀로 삶을 즐기며 담백한 글자체로 써도 좋다. 필자도 직장에 어울리지 않는 파격적인 옷을 입었고, 취미생활에 몰두해 보기도 했다. 미친 듯이 학업에 정진한 적도 있었다. 직장의 보고서로서는 어울리지 않을지 몰라도 인생의 보고서로서는 한 번도 후회한 적이 없다. 직장인의 삶이라고 스스로 프레임을 만들지 말고, 자유분방하고 개성이 담긴 인생 보고서를 쓰자.

세세하고, 순서 없이 써라

회사의 보고서는 간결하고 순서에 맞춰 써야 했지만, 인생의 보고서는 쓰고 싶은 것을 다 쓰고, 행했던 대로 쓰자.

인생은 모든 순간이 중요하다. 같은 시간은 두 번 다시 오지 않는다. 중요했던 때도 있고, 일상적일 때도 있겠지만, 모두 인생의 퍼즐이기에 줄이거나 삭제하면 안 된다. 또한 인생에는 정해진 프로세스가 없다. 계획대로 진행되기도 하고, 갑자기 무언가 끼어들어 계획이 틀어지기도 한다. 필자 역시 교육에 대한 막연한 선망으로 국외교육에 덜컥 도전했고, 갑자기 벌어진 일이 장기적인 유학 계획을 불러왔다. 억지로 순서를 맞추기보다는 겪은 그대로 자연스럽게, 그리고 세세하고 충실하게 기록하자.

감정적이고, 미괄식으로 써라

회사의 보고서는 논리적이고 두괄식으로 작성하지만, 인생의 보고서는 감정을 담고, 결론을 마지막에 쓰자.

'살다 보면 즐거울 때도, 슬플 때도, 화날 때도 있다. 인생은 논리대로 살기에는 너무 변화무쌍하다. 그때그때 생기는 감정을 삼키고 살면 스트레스받고 마음에 병이 난다. 즐거운 일이 있으면 마음껏 웃고, 슬픈 일이 있으면 펑펑 울어야 한다. 화가 날 때는 가라앉을 때까지 뒷담화도 하고, 노래방 가서 있는 힘껏 소리를 질러야 한다. 필자도 유학 시절에 머리 깎으러 갈 시간도 아까워 장발로 버티며 수업 준비를 했지만, 제대로 말도 못 하는 자신에게 화가 날 때가 많았다. 그럴 때면 한국식 안주와 빨간 뚜껑의 소주를 마시며 실컷 한국말을 쏟아내며 풀곤 했다. 이러한 우여곡절 끝에 학위를 끝마칠 수 있었다.

모든 일에는 사이클이 있고, 인생도 마찬가지다. 잘될 때가 있으면 어려운 순간이 앞에서 기다리고, 힘들 때가 있으면 잘 풀리는 순간이 앞에서 기다린다. 초기에 인생의 행복과 불행을 단정하지 말고, 되돌아보니 그래도 행복했었노라고 말하는 인생 보고서를 쓰자.

이해하기 어렵더라도, 작성자의 관점에서 써라

회사의 보고서는 이해하기 쉽고 수요자의 관점에서 써야 했지만, 인생의 보고서는 내가 원하는 대로 쓰자.

인생만큼 복잡한 게 어디 있을까? 무엇 하나 마음대로 안 되어 화가 나다가도, 사소한 즐거움에 웃음을 짓는 것이 인생이다. 누군가의 기대와 시선을 생각해서 하고 싶은 것을 포기해서는 안 된다. 남들이 이해가 안 된다고 해도 본인이 원하면 하는 것이다. 필자가 보고서로 위기를 겪을 때마다 썼던 세 번째 장에 소개한 방법들이 사실 이상하다는 평도 많이 받았다. 그래도 필자가 좋으니 했다. 우리는 자신을 위해 살지 다른 이를 위해 살지는 않는다. 물론 가족은 예외가 되겠다. 남의 시선을 너무 의식하지 말고, 본인의 관점에서 인생 보고서를 쓰자.

초안이자 최종안으로 써라

회사의 보고서는 초안을 작성하고 체크리스트로 점검하면서 보완했지만, 인생의 보고서는 쓰는 그대로 최종안이게 쓰자.

시간은 단 1초도 되돌릴 수 없다. 그렇기에 후회가 남지 않도록, 그 순간 제일 나은 선택을 하여 적극적으로 써나가면 된다. 체크리스트 점검은 너무 자주 하지 않을 것을 추천한다. 직장의 보고서는 좋아질 수 있지만, 인생의 보고서는 후회의 순간만 머릿속에서 되풀이된다. 앞날을 준비할 때만 하도록 하자. 필자도 초안이 최종안이 되며 아차 싶었을 때가 많았지만, 과거를 수정할 기회는 없기에 더는 되돌아보지 않았다. 지금, 이 순간을 소중히 여기며 초안이자 최종안인 인생 보고서를 쓰자.

목표 달성보다 과정의 즐거움을 써라

회사의 보고서는 목표를 달성하지 못하면 의미를 상실하지만, 인생의 보고서는 과정도 소중하기에 하나하나 자세하게 쓰자.

누구나 크든 작든 목표가 있다. 이를 위해 노력하지만, 안될 수도 있다. 그렇다고 인생의 의미가 상실되지 않는다. 그대로 가치 있

MZ세대는 왜 보고서 앞에서 멈췄을까

고 소중한 인생이다. 큰 목표를 갖기가 혹시 겁이 난다면 일상생활에서 이룰 수 있는 작은 목표부터 가져보자. 작은 달성이 쌓이면 큰 달성도 따라오게 된다. 설령 안 돼도 괜찮다. 여행은 의외로 떠나기 전 준비하는 과정과 공항 가는 길이 가장 설렌다. 과정의 즐거움을 써서 목표가 달성되면 좋고, 아니어도 아쉽지 않은 인생 보고서를 쓰자.

기한 없이 써라

회사의 보고서는 기한을 준수해야 했지만, 인생의 보고서는 기한 없이 자유롭게 쓰자.

삶이 계속되는 한 보고서도 계속된다. 빨리 보고서를 마무리할 필요도 없고, 지금 마음에 안 든다고 걱정할 필요도 없다. 앞으로 잘 쓰면 된다. MZ세대의 모든 분이 마지막에는 멋진 인생 보고서를 완성하기를 기원한다.

회사의 보고서도 일정 수준에 오르면 틀을 깨고 나가야 진정한 보고서의 고수가 될 수 있다. 필자도 책에 제시하지는 않았지만, 좌충우돌하며 멋대로 이것저것 바꿔 쓴 적이 한두 번이 아니다. 틀 안과 밖을 오갈 때 비로소 시야가 넓어진다. 책에 제시된 기준이 단계별로 성장할 때는 도움이 되겠지만, 언젠가는 그것이 가로막는 벽이 될 것이다. 그때 시원하게 벽을 부수고 나아가, 자신만의 보고서의 길을 개척하기를 진심으로 바란다.

미국 로드트립의 피날레는 바로 자유의 여신상(Statue of Liberty)
이었다. 이는 단순한 동상이 아니라, 자유를 향한 염원과 개척 정
신, 아메리칸드림(American Dream)이 어우러진 감동 어린 상징물이
었다. 수많은 이민자가 그 앞에서 희망을 품었을 모습을 상상하자,
가슴이 벅차올랐다.

자유, 개척 정신, 그리고 아메리칸드림이 담긴 자유의 여신상(왼쪽)과 국립 이민 박물관(오른쪽)

MZ세대는 왜 보고서 앞에서 멈췄을까

레퍼런스

- 대통령비서실 보고서 품질향상 연구팀. (2007). *대통령 보고서*. 위즈덤하우스.
- 박찬서. (2014). *멋진 보고서 작성을 위한 가이드* (pp. 19–20). 두리디자인.
- 백승권. (2019). *보고서의 법칙* (p. 290). 바다출판사.
- 송숙희. (2023). *일머리 문해력* (p. 39). 교보문고.
- 커비, 스티븐. (2017). *성공하는 사람들의 7가지 습관* (30주년 에디션). 김영사.
- 하우절, 모건. (2024). *불변의 법칙* (pp. 229, 273, 377). 서삼독.
- Fleming, V. (Director). (1939). *Gone with the Wind* [Film]. Selznick International Pictures; Metro-Goldwyn-Mayer.
- Zemeckis, R. (Director). (1994). *Forrest Gump* [Film]. Paramount Pictures.
- 기획재정부 외 관계부처. (2025, 1월 2일). *2025년 경제정책방향* [보도자료]. 기획재정부. https://www.moef.go.kr/
- 잡코리아 콘텐츠 LAB. (2025, 4월 29일). *회사가 날 버티게 하는 건 월급만이 아니다!* 잡코리아. https://www.jobkorea.co.kr/goodjob/tip/view?News_No=22289

MZ 세대는 왜 보고서 앞에서 멈췄을까

초판 1쇄 발행   2025. 11. 10.

지은이   정연석
펴낸이   김병호
펴낸곳   주식회사 바른북스

편집진행   임현정
디자인   최다빈
마케팅   송송이 박수진 박하연

등록   2019년 4월 3일 제2019-000040호
주소   서울시 성동구 연무장5길 9-16, 301호 (성수동2가, 블루스톤타워)
대표전화   070-7857-9719 | **경영지원**   02-3409-9719 | **팩스**   070-7610-9820

•바른북스는 여러분의 다양한 아이디어와 원고 투고를 설레는 마음으로 기다리고 있습니다.

이메일   barunbooks21@naver.com | **원고투고**   barunbooks21@naver.com
홈페이지   www.barunbooks.com | **공식 블로그**   blog.naver.com/barunbooks7
공식 포스트   post.naver.com/barunbooks7 | **페이스북**   facebook.com/barunbooks7

ⓒ 정연석, 2025
ISBN 979-11-7263-651-7 03320